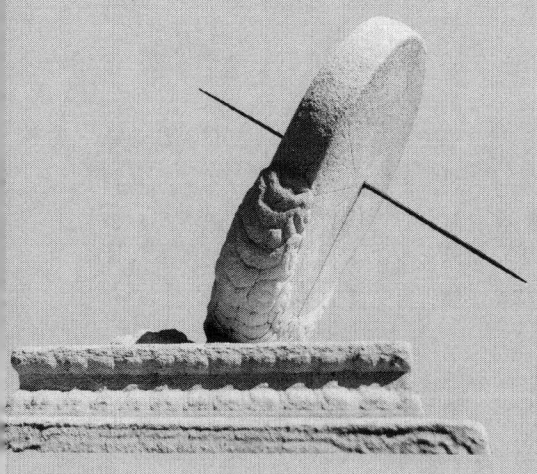

高职院校
学风建设实践与探索

GAOZHI YUANXIAO
XUEFENG JIANSHE SHIJIAN YU TANSUO

佟怡◎著

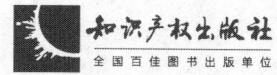

图书在版编目（CIP）数据

高职院校学风建设实践与探索/佟怡著. —北京：知识产权出版社，2017.8
ISBN 978-7-5130-5067-8

Ⅰ.①高… Ⅱ.①佟… Ⅲ.①高等职业教育—学风建设—研究—中国 Ⅳ.①G649.2

中国版本图书馆 CIP 数据核字（2017）第 193925 号

内容提要

高等职业教育属于普通高等教育的范畴，但由于学生自身特点的不同以及职业教育的特殊性，因而高职院校学风建设与研究型或学科型高校是有显著差异的，有其自身的特点。因此高职院校学风建设必须针对职业教育的特殊性和学生自身的特点，从实际出发，因势利导，建立有效的机制，才能使学风建设上水平、上台阶，才能保证高等职业教育健康稳步地发展。这些机制包括考试制度的改革、教风的端正、创新教育的激励、就业教育的引导等。

策划编辑： 蔡　虹
责任编辑： 栾晓航　　　　　　　　　　**责任校对：** 谷　洋
封面设计： 刘　伟　　　　　　　　　　**责任出版：** 孙婷婷

高职院校学风建设实践与探索
佟　怡　著

出版发行	知识产权出版社 有限责任公司	网　　址	http://www.ipph.cn
社　　址	北京市海淀区气象路 50 号院	邮　　编	100081
责编电话	010-82000860 转 8382	责编邮箱	luanxiaohang@cnipr.com
发行电话	010-82000860 转 8101/8102	发行传真	010-82000893/82005070/82000270
印　　刷	北京中献拓方科技发展有限公司	经　　销	各大网上书店、新华书店及相关专业书店
开　　本	787mm×1092mm 1/16	印　　张	10.5
版　　次	2017 年 8 月第 1 版	印　　次	2017 年 8 月第 1 次印刷
字　　数	156 千字	定　　价	39.00 元

ISBN 978-7-5130-5067-8

出版权专有　　侵权必究
如有印装质量问题，本社负责调换。

前　言

当前，我国的高等教育已经由精英化教育进入到大众化教育阶段，随着高校招生规模的扩大，大学生数量急剧增多，出现了很多新情况和新问题，进而对大学生学风建设提出了严峻的挑战。

优良的学风是高校培养高素质人才的重要保证，也是高校健康发展的重要保证。优良学风能够形成一种积极的学习氛围，使每一位学生终身受益，它体现了学校的文化底蕴和办学水平，是高校的"隐形财富"，对提升高校的地位有着重要的战略价值。因此，大学生学风是高校的一个重要的课题，要想在这方面有较大的改善，就必须加强对大学生学风建设的研究。

本书在阐明大学生学风的内涵、形成过程与构成要素的基础上，通过自编问卷对大学生学风现状进行抽样调查，了解当前大学生学风的现实状况，揭示大学生学风中存在的主要问题并分析其原因，进而结合国外著名高校的学风建设特色，从高校管理者、教师、辅导员、社会四个层面来提出大学生优良学风的建设策略。

学风一般是指在人们心中经过长时间的沉淀所形成的人生观、价值观、世界观，行为动机支配下所表现的一种精神。学风是一种氛围，是一种后天群体行为，是普通高等学校学生学习、生活、纪律等多种综合风貌的集中体现。学风是一所高校经久积累的"隐性财富"，没有良好的学风，学校就失去培养人的作用和办学的职能。优良的学风是一所高校的灵魂，体现着大学的人文精神，办学文化，是衡量教育理念、管理层次，人才质量的关键因素，是高校赖以生存的根本。高校学风评价是对学风问题的综合的，系统的，复杂的研究，对学风建设具有"四两拨千斤"的引导作用。通过建立数学模型，学风的评价方法由定性转化定量，对照参考指标，判断自身是否达到优良的学风。邓小平同志所说"制度好可以使坏人无法任意横行，制度不好可以使好人无法充分做好事，甚至会走向反面"。好的评价体系如同制度标准，规范学风建设。基于以上原因，本书将高校学习主体的学生学风作为主要研究对象。以期通过本研究对我国大学生学风评价的进行和发展贡献一份微薄之力。

　　本书是北京市规划办、首都大学生思政中心2013年重点课题的研究成果。

CONTENTS
目 录

第一章 高校学风建设概论 ………………………………… (1)
  第一节 学风的界定 ………………………………………… (3)
  第二节 大学生学风的构成要素 …………………………… (6)
  第三节 国内不同历史阶段的学风 ………………………… (8)
  第四节 国外高校学风建设的借鉴 ………………………… (10)

第二章 高职院校学风建设的理论基础与一般方法 ……… (19)
  第一节 需求层次理论与学风建设 ………………………… (19)
  第二节 态度改变理论与学风建设 ………………………… (21)
  第三节 自我效能感与学风建设 …………………………… (24)
  第四节 强化理论与学风建设 ……………………………… (28)
  第五节 归因理论与学风建设 ……………………………… (30)
  第六节 积极心理学与学风建设 …………………………… (33)

第三章 高职院校学生特点分析 …………………………… (37)
  第一节 高职院校学生一般特点分析 ……………………… (37)
  第二节 高职院校学生学习的心理与行为特点 …………… (46)

第四章 首都高职院校学风现状调研 ……………………… (60)
  第一节 高职院校教风与学风 ……………………………… (61)
  第二节 学生管理对学风的影响 …………………………… (68)
  第三节 大学生学风存在的主要问题与原因分析 ………… (73)

第五章 大学生学风建设评价 ……………………………… (77)
  第一节 高职院校学风建设评估体系 ……………………… (77)

第二节　学风评价的内容……………………………………(81)
　　第三节　目前大学生学风评价系统的不足……………………(84)
　　第四节　学风评价方法的选择…………………………………(86)
　　第五节　指标选取的原则………………………………………(87)
　　第六节　评价过程………………………………………………(88)
　　第七节　评价结果分析…………………………………………(93)

第六章　大学生学风建设的对策探讨………………………………(95)
　　第一节　高校管理者视角中的学风建设………………………(95)
　　第二节　教师视角中的学风建设………………………………(98)
　　第三节　辅导员视角中的学风建设……………………………(102)
　　第四节　社会视角中的学风建设………………………………(108)

第七章　首都高职院校学风建设有效机制构建与探索……………(112)
　　第一节　首都高职院校的宏观环境……………………………(112)
　　第二节　首都高职院校的教育教学管理………………………(114)
　　第三节　依据学生特点，开展学风建设………………………(120)

第八章　基于年级特点构建三年一贯制高职学生培养体系
　　　　——北京青年政治学院文科高职育人模式探索………(123)
　　第一节　北京青年政治学院"三年一贯制"
　　　　　　培养模式……………………………………………(123)
　　第二节　北京青年政治学院"三年一贯制"
　　　　　　取得的成效…………………………………………(129)
　　第三节　北京青年政治学院"三年一贯制"
　　　　　　学生工作案例………………………………………(138)

参考文献………………………………………………………………(155)

第一章　高校学风建设概论

自 1998 年国家扩大高校招生规模以来，我国高等教育逐步完成了"精英化"教育向"大众化"教育的转变。高校办学规模的快速扩大，极大地满足了国民对高等教育的不断增长的需求，但也由此带来不少问题，如高校生源素质有所下降、参差不齐，学校办学软、硬件设施不完善，师资力量相对匮乏等。其中高校大学生学风变差的问题较为突出，如学习动力不足、学习目标不明确、自律意识较差等，这一问题已经引起了全社会的广泛关注。青年人是国家和民族的未来，江泽民同志曾指出："青年兴则国家兴，青年强则国家强，青年有希望，未来发展就有希望。"因此，大学生学风所存在的问题引起了高等教育管理者和研究者的高度重视。

学风对大学生的心理、行为和价值观等都将产生潜移默化的影响。《三字经》中曾有"昔孟母，择邻处"的说法，由此可见环境（风气）对个人成长的影响。我国教育部颁布的《普通高等学校本科教学工作随机性水平评价方案》，也将学风作为整个评估指标体系中的重要的一级指标，它包含如下二级指标：教师风范、学习风气、学术文化氛围，从中也可以看出学生学习风气的重要性。

优良的学风能促使学生形成正确的世界观、人生观、价值观，有助于大学生学会做人做事，有助于大学生自我发展目标的实现，对大学生成长成才有着积极而深远的影响。同时，学风的好坏对高校自身的生存和发展也有至关重要的作用。学风是衡量高校办学水平的一个重要标志，好的学风是学校最宝贵的财富之一，是学校创品牌、树信誉、谋求生存发展的基础。

《中华人民共和国高等教育法》规定："高等教育的任务是培养具有创新精神和实践能力的高级专门人才。"为了实现人才强国战略，我国高校一直把学风建设作为一项基础性工作来抓。多年来，为了改善大学生的学习风气，高校不断地对学风建设策略和方法进行调整与完善，但成效并不理想。如何提高大学生学风建设的实效，培养优良学风，已成为我国高校亟须解决的一个突出的问题，对实现高校的可持续发展具有深远的意义。

本书的研究内容，既具有一定的理论意义，又具有重要的实践意义。

一、理论意义

当前，人们越来越关注高等教育培养出的人才的质量问题。大学生学风的好坏对高校的教学效果有极大的影响，直接影响到大学生的文化素质和道德素质，最终影响到大学生的整体质量及其在就业市场中的竞争力。学风建设是大学生成长成才的基本保证，为了实现人才强国战略，高等教育也将走内涵式发展的道路。研究大学生学风的建设，可以提高高等教育工作者对学风重要性的认识，有利于高校管理者改进工作方法，提高科学管理的水平。研究大学生学风的建设，可以丰富大学生学风管理的科学内涵，对于教育管理学科的发展有一定的推动作用。随着高校内外环境的改变，学风建设理论也要与时俱进，为科学管理提供更完善的理论依据。

二、实践意义

大学生学风建设是一项系统工程，如何才能抓好学风建设，是一个非常现实而紧迫的课题，这对于培养优秀的社会主义建设者和接班人有着重要的作用。本书结合当前大学生学风的实际，进行系统的分析研究和有益探索，并以此为基础提出相应的解决策略。本研究可以有效地指导高校工作者进行学风建设实践，具有重要的现实指导意义。本研究能够使高校工作者反思学风建设中存在的弊端，有利于促进学风建设实践的不断完善和发展，进而促进高校的可持续发展。

"学风"，从字面上理解就是"学习的风气"，学风同学习密切相关，具体指的是人们在学习研究方面的风气，体现了治学的态度方法。学风同样还反映了研究者的世界观和价值观，是一定时间、一定地域内知识界、文化界风气的集中体现，代表了一个时代的社会风气和时代风貌。

学风有广义和狭义之分。广义的学风体现了一个人、一个团体认识世界的方法和态度。毛泽东同志在《整顿党的作风》一文中曾指出："所谓学风，不但是学校的学风，而且是全党的学风。学风问题是领导机关、全体干部、全体党员的思想方法问题，是我们对待马克思列宁主义的态度问题，是全党同志的工作态度问题。"在《改造我们的学习》中，他对学风问题进行了精辟的论述并指出学风问题是"第一个非常重要的问题"，特别强调要注重研究现状和历史，发扬实事求是的精神。在《反对党八股》一文中，毛泽东同志更是以简明生动、富有战斗力的笔触，以整顿文风为切入点，对主观主义和宗派主义进行了大力抨击。赵沁平（2002）认为，广义的学风包括学习风气、治学风气和学术风气三个维度。同时有学者指出，学风问题是人的价值观在学习方面的具体表现（陈玉栋，2014）。狭义的学风，主要是指学校、学术界或一般学习方面的风气，主要是指学生按照要求，在教师的引导下从事学习活动，获得知识技能，提高思想觉悟的过程中所形成的风气。学风是对学生总体学习风貌的表现和概括。

第一节　学风的界定

学风，从字面上来理解："学"指的是学习，"风"指的是风气，所以学风简单地理解就是"学习的风气"，但这只是一般意义上的理解，深而言之则是指在学校范围内，经各部门合力打造的、经过几代人为之努力而形成的、适应社会发展需求的文化氛围和积淀[22]。按不同标准，学风可划分为不同类型，可以指学校的风气；也可以指学术界的风气；还可以指一般学习方面的风气。对于什么是学风的问题，笔者查阅了大量资料，归纳起来，大致有以下的提法。

1. 所谓"学风"，最早源于《礼记·中庸》："博学之，审问之，慎思之，明辨之，笃行之。"它十分精辟地概括了学习的方法、态度和规律，从博览群书到虚心求教，再到善于思考，最后归结到用于实践，反映了学习中的方方面面。

2. 从党的领导人的角度来诠释。学风问题历来为我们党的领导核心所重视，毛泽东同志在延安整风过程中，曾明确提出学风问题是"一个非常重要的问题，就是第一个重要的问题"，他指出学风的本质是全体党员的思想方法问题，是我们对待马克思列宁主义的态度问题，是全党同志的工作态度问题，明确提出反对教条主义和本本主义。江泽民同志指出："学风问题也是党风问题，是关系党的兴衰和事业成败的一个重大政治问题。"在这里，党的学风问题不是指一般的学习态度和学习方法问题，而是指我们对待马克思主义的根本态度问题。

3. 从教育工作者的角度来诠释，学风有广义和狭义之分。狭义的学风仅指学生的学习风气，具体是指学生在校学习生活过程中所体现出来的态度、兴趣、爱好、习惯等。广义的学风不仅是学生学习态度的综合反映，同样也是一所学校的治学精神、治学态度和治学方法的综合反映，是学校精神风貌的集中体现，也是衡量学校教育质量的一个重要标志。按照《教育部普通高等学校本科教学工作水平评估方案（试行）》的定义，学风评估包括教师风范和学习风气两个指标。

4. 从"组织理论"的角度来诠释，学风反映了组织的特征和组织系统的总目标，组织文化是一个长期发展过程中全体成员所共有的基本任务、价值标准和道德规范，简称为共同价值观。

5. 从心理学的学科角度来诠释，学风是指学习者在学习过程中所表现出来的态度、需要、动机、兴趣、能力等心理特征。以上从不同的角度对学风进行了诠释，在一定程度上揭示了学风的含义。学风的载体可以是学生、教师、基层工作者，也可以是领导干部等，不仅包括个体，也包括群体。对于学风的内涵，笔者很难对其做出统一的界定。从大学生学风建设的角度来诠释的话，笔者认为，学风主要是指学生在具体学习过程中的学习态度、学习目标、学习习惯等内容的综合表现，是一种稳定的行为趋势。

本书所研究的学风，是从狭义上来理解的，特指大学生的学风，即以大学生为研究对象，研究他们在高校的学习态度、学习氛围等学风的各种表现形式。

一、大学生学风的界定

大学生学风是大学生学习目的、学习态度、学习纪律、学习方法、学习风格等多种学习风貌的综合反映，体现了大学生对学习重要性的认识，体现了他们是否具有浓厚的学习兴趣，是否具有坚定的学习意志，是大学生求学精神和治学态度的集中表现。大学生学风里既包含有集体的因素，如学习氛围，也包含有个体的因素，如学习纪律、学习风格等，两方面相互渗透，形成了一种相对稳定的风气。大学生学风的好坏，能从一个侧面反映出一所大学学生的综合素质和学校的教育教学质量。一个好的学风应该是如饥似渴的求知之风、刻苦钻研的学习之风、打破砂锅问到底的探求之风、切磋琢磨、相互学习的讨论之风、博学慎思的独立思考之风、与时俱进的开拓创新之风。优良的学风不仅是一种氛围，能使置身在这种氛围中的学生受到感染和熏陶，而且是一种动力和促进力，能让学生感到一种压力和紧迫感，促使学生不断进取，同时，它还是一种约束力，能制止不良行为习惯和风气的产生与发展。

二、大学生学风的形成过程

任何一所高校的学风，都不是一朝一夕就能形成的，也非高校一厢情愿便可实现，而是经过长期办学过程中的积累和沉淀以及学生在长期受教育和影响过程中逐步形成的一种学习风貌。一所大学的学风是由一届届学生传承下来的，虽然每年大批毕业生离校和大批新生入校，但仍有约占总数四分之三的学生留下来，这些学生就是学风传承的桥梁[30]。大学生学风是通过大学生的思想意识的能动作用而形成的，它具有相对的稳定性和恒久性，要想在短时间内改变不良的学风，是很困难的，这也是为什么学风建设要常抓不懈、持之以恒的原因所在。优良的学风包括正确的学习目的、巨大的学习动力、端正的治学态度和良好的学习方法，它能使学生积极进取、奋发向上，并制约不良学风的滋生和蔓延，对大学生的健康成才具有十分重要的意义。

第二节　大学生学风的构成要素

一、大学生的求学风气

大学生在高校学风中居于主体的地位。大学生学风方面存在的问题，大多与学生是否具有明确的学习动机，端正的学习态度两方面有关。学习动机和学习态度是影响大学生求学风气的重要因素，是大学生端正治学态度和成长成才的关键因素。学习动机是学生学习积极性的内在动力，它能够激发和维持学生的学习热情；学习态度在整个学习过程中能够调节并维持学生的学习强度、力度和深度。另外，大学生的求学风气还包括学习纪律、学习兴趣、学习方法等关于学习的方方面面。

二、教师教学治学风气

教师是学生智慧的启发者、知识的传播者、情操的陶冶者,教师的言传身教对学生的学习有着巨大的影响,能起到为人师表的作用。哈佛大学前校长科南说过:"大学的荣誉不在于它的校舍和人数,而在于它一代一代的教师质量,一个学校要站得住,教师一定要出色。"[32]教师的道德水平、教学态度、教学能力、治学精神深刻地影响着学生的学习风气,对学生产生激励和鼓舞的作用,使得教师成为学生学术道路上的领路人。

三、辅导员的导学风气

辅导员是学生道德教育的具体组织者、实施者,与大学生的联系最为密切,他们既要负责学生的思想政治工作,又要负责学生的学习、生活等工作,具有管理和育人的双重身份。辅导员平时通过深入学生宿舍、课堂,及时了解学生学习、生活中出现的新情况和新问题,并耐心细致地给予解决。辅导员能够帮助学生树立具体的学习目标,掌握科学的学习方法,提高学生学习的自觉性,做学生成才的向导。

四、管理者的督学风气

高校管理者在学风建设中起着决定性的作用。高校管理者要以健全的规章制度作为保障,制定校纪校规,并建立公平合理的奖惩制度,增强学生的纪律观念。各部门要对学风建设齐抓共管,狠抓管理措施的长效机制,并认真贯彻执行,还可以通过组织社会实践,知识竞赛等活动,充分调动学生的学习热情,为学生的学习、生活、成才提供保障。

以上各个要素相互作用、相互配合,共同构成大学生学风。

学风的形成和发展基于教育活动,学风的传承和发扬离不开教师和学生。在现代社会,作为文化传承和人才培养的高等场所和主要阵地的高校，在学风的塑造和传播上，扮演着十分重要的角色。吕秋芳（2008）指出，大学学风建设的本质是大学精神的体现和人文精神的彰显。优良的校风和学风，可以激发学生学习的积极性和主动性，有效促进学生培育良好的思想道德修养和高尚的道德情操。

第三节　国内不同历史阶段的学风

一、古代学风

中华民族自古注重文化传承，古代传统思想文化特别是儒家文化对中国历史产生了深刻影响，形塑了古代学风的基本气象和底色。读书明理与修身做人，一直以来是中国士大夫孜孜以求的重要方面。自古以来，士大夫阶层重视个人修为和功夫涵养，中国古代的学风也体现在读书、治学、修身的方方面面。作为我国古代思想文化的指导性思想，儒家思想推动了社会教化的发展和古代学风的塑造。儒家倡导积极的入世精神，其治世思想集中体现了儒家的学风，即鼓励人们通过学习文化知识，在修身的同时提倡学者学以致用，投身社会实践，经由政治实践，实现修身、齐家、治国、平天下的政治理想。《大学》中"止于至善"的要求，亦激励着读书人将学习作为实现终极追求的途径和手段，因而古代士人的学习往往带有着强大的内生动力。王芝兰等（2015）指出，中国古代学风以儒家思想为基础，具有平等自由、教研结合、互相交流、积极总结等特点。

具体而言，古代学风又可以分为书院学风和自学学风两大方面。中国古代发展出了独具特色的书院文化，针对书院的学风特色，周铭生（1994）从古为今用的角度，指出了古代书院所涵养的质疑问难、教学相长、读书穷理、格物致知等优良学风传统对当代学风建设的借鉴意义。在书院教学制度下，学生在教师指导下主动学习，师生质疑问难，学习氛围生动活泼，激发了学生自学能力，可以为当下加强和改进高校学风建设特别是研究生教育提供参考。张三夕

(2014)则指出我国古代把学风端正视为学者的一种最基本的道德修养,在端正学风的具体方法上,我国古代学术的发展传承了很多带有规范意义的学术准则,对当前的学风建设同样具有指导作用。

二、近代以来西方教育理念的传入和大学精神的传播

近代以来,随着西学东渐,中国效法西方推动教育改革,并于清末创立京师大学堂,开中国近代大学教育之先河。一百多年来以北京大学、清华大学、南开大学等为代表的近代大学,在弘扬学术,传承文明,在办学实践中,结合中国的实际,发展出了各具特色的学风。蔡元培在出任北大校长期间,注重中国传统伦理观念和西方近代大学精神的融合,形成一种人文主义教育理念,重视以人为本;确立了"唤起青年之精神,陶冶高尚纯洁人格"的育人方向,在办学中注重"教育独立""大学自治",蔡元培提出"思想自由,兼容并包",大刀阔斧地进行教育改革,促进了北大和中国高等教育事业的蓬勃发展,为后世教育者树立了典范。梅贻琦于1931年至1948年担任清华大学校长期间,积极倡导大学教育的目标在于培养通才,并提出"所谓大学者,非谓有大楼之谓也,有大师之谓也"。抗战时期由北大、清华、南开三所大学组成的西南联合大学,以刚毅坚卓的校训为行动指南,坚守思想自由的学风,战火中依旧弦歌不辍,为国家保存了学术实力,为民族赓续了文化命脉,培养和塑造了一批日后的学术大师和文化精英,创造了中国乃至世界教育史上的奇迹。

三、中国共产党和新中国成立之后的高校学风建设

中国共产党历来重视学风建设。在建设革命根据地过程中十分重视教育工作,尤其是在延安时期创办的革命大学在中国大学文化建设史上有着独特的意义,注重在大学中确立新民主主义的文化理念,树立理论联系实际的马列主义学风。注重学风养成教育,组织学员"到斗争中去学习",学会把马克思主义列宁主义理论运用于中

国的具体实践（刘少林，2011）。新中国成立之后，高等教育观念和人才培养模式发生重大转变，树立为人民服务、为经济建设服务的高等教育功能观，培养模式由"通才教育"转向"专门人才"教育，管理体制向集中统一的方向发展。（丁虎生，2011）。

四、改革开放之后的高校学风

改革开放后，随着市场经济的发展，社会风气对高校学风产生了很大影响，实用主义与个人主义对高校学生和教师产生了不同程度的影响。教师的师德和教风直接影响一个学校的学风，教师心态浮躁，缺乏敬业精神，不具备甘做十年冷板凳的治学精神，就会影响教学的效果和质量，同时挫伤学生的学习兴趣。秦正修（2005）认为，社会主义市场经济对高校学风建设而言是一把双刃剑，在经济大潮的冲击下，少数学生的人生观、价值观扭曲，逐渐滋生出拜金主义、极端个人主义和享乐思想等负面思想，损害了高校学风的纯洁性。弘扬良好的学风，必须加强教师队伍建设，引导广大教师不断加强政治理论学习，切实提高思想道德修养，同时建立体制机制保障，增强教师对科学研究的使命感和人才培养的责任感，维护高校学风的纯正本色。

第四节　国外高校学风建设的借鉴

"他山之石，可以攻玉。"国外一些高校在大学生学风建设方面有其独特的措施，使其高等教育教学质量能居于世界前列。这些著名高校所采取的学风建设途径有着值得我们学习的地方，借鉴他们的成功经验，对我国的学风建设起到积极作用。

目前，各国的高校都在积极寻找适合自身发展的有效发展方法和途径，以便加强学风建设。英国、美国与加拿大的高校在全球的教育领域居于世界前列，这与学校的管理、学风建设是密不可分的。了解、认清并且借鉴西方的教育体制、方法对于完善我国高校学风建设体系有一定的意义。

　　学院制的特点就是大学生在高校学习的角色有两个，一个是系科，一个是学院的。英国的牛津大学和剑桥大学是英国最早的大学，在它们建校多年的历史中，造就了无数的科学家、思想家、社会学家及其他的各类学者，产生了多位诺贝尔奖获得者、多任首相和总统，中国的诸多学者如钱钟书、徐志摩、严复、林语堂也都是牛津大学和剑桥大学的校友。两所高校独有的学院制管理模式和因材施教的导师制培养模式对学风的发展做出了巨大的贡献。在我国的所有高校中，学院和系科不是平级的，而是上下直属关系，而在英国剑桥大学和牛津大学，他们的学院和系科之间只有职权不同，其他情形中是平级的。学生在这种环境和氛围中学习，可以学习各种各样的专业知识，开阔了学生的视野，学生之间的合作和交流也很多，是一个非常人性化的学习环境，这对于研究型的大学非常重要，由于学生学习自由，发挥空间大，因此学生积极性很高，激情和创造力得到最大程度的发挥，在这种管理模式下，学生对知识的探求欲望很足，学风氛围浓厚。另一个特点是因材施教的导师制培养模式。导师制最先发源于英国的牛津大学，随后因为成功的实施，被推广到全国，导师制是英国高校的一大特色。在英国大学就读，在大一时就会领取到导师手册，这个手册说明了导师制度是什么，导师的职责是什么，如何寻求导师的帮助。这点与我国高校的导师制不同，我国高校的导师是一种职务的称谓，并且只有在毕业生阶段才会实施，更多的情况下，导师是指导学生的学术论文等相关事宜。而在英国的高校导师不是一种职务的称谓，而是义务，不论职位高低，任何一名教师都可以担当学生的导师。导师的职责和义务是定期与学生讨论学术问题、个人生活等事情，导师根据学生的不同状况，制订不同的学习计划，导师帮助学生进行课程选择、就业指导等。导师制注重教师与学生之间的交流，学习氛围自由和宽松，师生的关系不仅停留在教与学，而是情感上的深一层交流，这为达到高质量的教育，优良的学风是非常必要的。

加拿大的高等教育发达并且非常普及，也已经进入了教育大众化的阶段，约克大学、多伦多大学、怀尔逊大学、安大略理工大学都是世界上著名的高等学府。加拿大的高校特点是注重校园价值观、和谐观的建设与完善。这与加拿大文化的多元性有一定的关系，加拿大是一个移民国家，多元的文化和民族等冲突都在校园内得以出现。加拿大政府出台政策鼓励加拿大本地学生学习第二语言，这样的意义有两个：一是希望通过政策的颁布使更多的人接受多元文化，另一个体现了包容性，时刻强调要尊重人、激励人、关爱人、发展人，营造平等友爱、融洽和谐的校园氛围。这样的学风特点可以促进管理层的相互协调。从学校管理组织上看，学校的校长、院长、教师与学生干部等由不同群体组成，加强彼此之间的交流有利于协调学校内部各方面的关系，平衡不同的利益关系。为了保障学校内部的各种关系，学校不惜花费大笔经费与著名律师事务所签订协议，帮助处理学生作弊等事情。

　　美国的高等教育以学生为本为核心理念，注重学生事务的管理和思想道德教育的协调发展。在美国，随着经济的不断发展，教育更倾向于产业化，校方与学生之间的关系被认为是买卖双方，因此校方在管理方面，把对学生的教育管理，逐渐演变成"服务"质量的提高，"学生消费者第一""以学生为本"成为支撑高校学生事务工作的核心理念。美国与加拿大相同，也是一个移民国家，多种文化并存，学生结构呈多样化。在学校里，学校的工作机构设置和包括了众多与学生工作事务相关的部门，例如，新生适应项目、心理健康中心、学生教育评价室、学生活动办公室、教育中心等，事事以满足学生在学习、个人发展、生活需求等方面为核心。在以"学生为本"的理念下，学校不断提高学生事务的管理水平，努力提高学校"服务质量"，关注学生的自我发展、帮助学生自我价值的实现、尊重个体性的发展，倡导创造力的发挥。美国是一个思想开放的国家，但也是一个非常注重协调和一致性的国家。高校在日常的教育活动当中，自始至终贯穿了一条教育主线，与广大家长达成了共识。政府、学校和家长进行思想道德的合力教育，通过各种方式交流学生的心理、学习状况。在美国社会伦理的标准与准则，道德的规范与约束具有一致性，学校的思想道德教育可以实现思想道德教育的长效性和可行性。教师自上到下，在讲座与授课的时候，把"教书育人"作为口号，先做人后学习，在所讲授的课程中专门注明学校学术道德规章制度。学校对重视校风、学风建设的教育理念无时无刻不在影响着每一位学子，培养出一代又一代的人才。

下面以美国的哈佛大学、斯坦福大学、英国的牛津大学为例进行阐述：

一、美国哈佛大学（Harvard University）——严谨之风

哈佛大学是美国最著名的大学，成立于1636年，因其比美国作为一个独立国家的历史还要长，所以有"先有哈佛，后有美国"之说。哈佛大学先后诞生了8位美国总统，40位诺贝尔奖得主和34位普利策奖得主。它是如何缔造了这一个个惊人的奇迹呢？这与哈佛大学的办学宗旨有直接关系。哈佛大学的办学宗旨可以从其校徽和校训中得到体现。由哈佛学院时代沿用至今的哈佛大学校徽上，用拉丁文写着"VERITAS"字样，译为汉语即"真理"。哈佛大学校训的原文也是用拉丁文写的，译为汉语即"以柏拉图为友，以亚里士多德为友，更要以真理为友"。哈佛大学虽历经变革，但一直固守着寻求真理的办学宗旨，哈佛人对于真理的追求与探索，往往会有超乎常人的执着。这个校训突出的有两点：一是哈佛大学重视传统，尤其是以柏拉图、亚里士多德为代表的希腊的人文理性的传统，相信在伟大的传统中有永远的智慧，所以在哈佛大学不大可能出现全盘反传统、全盘反历史的情况；二是强调追求真理是最高的原则，无论是世俗的权贵，还是神圣的权威都不能代替真理，都不能折服人对真理的追求。就是这两个原则的相互作用、相互补充，保证了哈佛大学能够在一个伟大的谱系中继往开来、传承创造，不断地推陈出新。这就是哈佛大学的魅力，它永久地激发着一代又一代年轻

学子的渴望和梦想。

　　哈佛大学对学风的要求严格得近乎苛刻。每一个新生入学时拿到的《哈佛学习生活指南》，都在非常显著的地方，用加大加粗的字体并套色印上了这样两段话：①独立思想是美国学界的最高价值。美国高等教育体系以最严肃的态度反对把他人的著作或者观点化为己有——即所谓剽窃。每一个这样做的学生都将受到严厉的惩罚，直至被从大学驱逐出去。②当你在准备任何类型的学术论文——包括口头发言稿、平时作业、考试论文等时，你必须明确地指出：你文章中有哪些观点是从别人的著作或任何形式的文字材料上移入或借鉴而来的。这两段文字使笔者意识到学术规范的建立应当从大学一年级就开始，学术规范的教育应当从一个人刚刚走进大学或学术领域就开始。抄袭、剽窃、改头换面地移植，是哈佛大学教学、研究和学习的大忌。学生所受到的最严厉的惩罚，不是因迟到旷课、夜不归宿甚至打架斗殴、损坏公物，而是学习上抄袭、剽窃。真可谓以学为本、以学为主。

　　哈佛大学注重学生基本功的训练，尤其是扎实的文献功夫，强调对传统的理解和把握。决不刻意求变、标新立异。那种一鸣惊人、一飞冲天的"学术暴发户"在哈佛大学是没有生存空间的。这种严肃谨慎的学风是哈佛的重要财富，它保证了哈佛的学术质量长盛不衰，保证了哈佛的毕业生货真价实地在高水准上服务于社会。哈佛大学教授对学生论文的要求是：不仅所有观点必须建立在扎扎实实的、穷尽性的搜集、分析、比较、研究现有文献的基础上，而且必须经得起上下文乃至整个语境的检验，对所有与自己观点有出入、有矛盾的文本细节和他人的研究成果，必须穷尽性地做出解释。哈佛大学严谨的办学形成了厚重的学风，保证了毕业生的高质量，服务社会的高水平。

　　在中国的大学中浮躁的现象很普遍，有些学生甚至认为如果我不标新立异，不从大的面上去做，那么我就显得太小家子气，我的眼光太狭窄了。殊不知，我们没能力做到的研究还是谨慎一些好，把精力放在我们能做好的地方,研究我们有能力研究的方面。从哈佛大学的学风中,我们应该学习到沉稳厚重的学习风气,高校在宣传中要加强对学生求真务实的学习导向,抵制浮躁风气,打造出良好的学习氛围,促进优良学风的形成。

二、美国斯坦福大学(Stanford University)——创业之风

斯坦福大学是由美国中西部著名的铁路大王,前加州州长斯坦福为了纪念他早逝的儿子,于1885年创办的。斯坦福出身贫寒,他是在开发西部荒野的金矿和兴建铁路发迹的。阅历丰富的斯坦福发现,不少大学生虽然毕业于名牌大学,却不能胜任实际工作。因此,结合他个人的工作经验和创业经历,在创办大学时,决定以"赋予学生以直接有助于社会实际应用和个人事业成功的教育"为办学宗旨。斯坦福为了使该校的办学理念和开创精神发扬光大,在首次开学典礼上指出:"请记住,生活归根到底是指向实用的,你们到此应该是为了给自己谋求一个有用的职业。但也应明白,这必须包含着创新、进取的愿望,良好的设计和最终使之实现的努力。"这种理念影响着斯坦福大学的成长,形成了注重培养学生应用能力和创新能力,坚持教学科研与市场紧密结合的方向。

斯坦福大学始终贯彻学以致用的思想,推崇创新、创业、积极进取的精神。它具有浓重的创业文化,大学生的创业比例比别的学校高出3~4倍。斯坦福大学学生钟情于创办企业,这同这个学校长期以来形成的学风有关,其起源还要从惠普公司的诞生说起。由斯坦福大学的研究生威廉·休利特和大卫·帕卡特一起创建的惠普公司诞生于1939年。当时,被称为"硅谷之父",麻省理工学院出身的弗雷德里克·塔曼为帮这两个学生实现梦想,奔走于各银行之间筹款,并最终创建了公司。那个时候,斯坦福大学同美国东部的哈佛大学、耶鲁大学比起来还差很大一截,塔曼教授认为要赶上它们,必须在圣克拉拉(现在的硅谷)建立起一批从事高新技术产业的企

业不可。而实现这个目标，需要以大学为核心培育起一批创业家来。从此以后，斯坦福大学渐渐形成了注重产学研结合的学风。斯坦福大学不仅有明确的创业教育思想，而且在教育教学体系的建构中得到充分体现。"我们有 100 多门课与创业有关。"在斯坦福，不仅是学生，很多教授也都有过创业的经历，或者担任过创业公司的董事。他们会将自己的经验告知学生，如何面对创业中的客户、员工管理、筹资等问题，在董事会会遇到怎么样的挑战，等等。

很多人有这样的印象：你要创业，就去斯坦福。早在斯坦福大学求学期间就创办了 Google 的拉里·佩奇说："在大学里我们同学之间就常在一起讨论如何利用掌握的本领创办自己的企业。那时，我看到 Yahoo 的成功，心里就想，我绝对能开发出更出色的搜索引擎来超过它。"

现在，斯坦福大学已从学校的组织结构上保证了与产业紧密结合这一办学方针的实施。学校会不定期请来创业成功人士、投资家到学校演讲，鼓励有"点子"的学生能够和风险投资公司合作。因为经常能够和投资、管理领域的高层人物接触，学生自然而然地培养起创业的自信心及长远的目光。创业成为他们最为关心的事情，而不是短期的打工获酬。学校还专门设置了专利机构办公室接受学生的申请，对于创业学生给予两年时间，无论成败都可以继续学业。这样灵活的推动政策造就了斯坦福大学师生成为硅谷中活跃的创业力量。

我国在 2008 年年底出台了七大举措，全力促进高校毕业生就业。其中一项是要求教育系统全面加大创业支持力度，大力推动毕业生自主创业，而且要在创业教育、创业实践、创业政策等方面加大工作力度。在这之中，要想真正实现创业成功，创业教育是关键。所以，我国要汲取斯坦福大学的成功经验，要采取多种措施，让创业教育渗入到校园和社会的各个角落，提高大学生的创业意识和创业能力。这样，在创业教育的氛围中，学生的学习风气也能得到很大的改善，由于就业压力的增加而导致的厌学等不良学风也能得到很好的遏制。

三、英国牛津大学（University of Oxford）——导师导学、导研之风

牛津大学历史悠久，但始建于哪一年，没有人能确切地说出来。有一种记载：1167 年，当时的国王亨利二世下令召回正在巴黎留学的英国学生，为了安置召回的学生，才有牛津大学的创立。换句话说，牛津大学的成立是为了解决早期"人才外流"的问题。

牛津大学在世界高等教育发展史上的最大贡献是它的导师制，这是牛津大学针对本科生的一种独特的培养制度。牛津大学在本科学生的教学中实行导师制已经有数百年的历史，它是牛津大学教学的突出特色并备受推崇。导师在每学期中，每周与学生见面一次，教师与学生之间实行的是面对面的辅导。教师与每一个学生共同制订个性化的教学计划，每一门课程都是这样。在课程学习过程中，导师根据学生的情况，提供一个相关的论文题目、一本书和一份参考文献目录，要求学生在规定的时间内完成所提供书目的阅读，并按要求写出一篇两千字左右的论文，然后组织学生与导师一起参加论文讨论会。会上首先由学生宣读并讲解论文的内容，导师和参与讨论的其他学生可以在讨论会的任何时间提出问题，相互之间就文章的论点、论据进行辩论。在提问和讨论过程中，导师与学生相互交流学术思想。这样的讨论过程，极有利于训练学生的逻辑思考和临场反应能力[38]。导师制使学生和教师之间得以最充分的沟通和交流，导师不仅传授知识给学生，而且要具体指导学生如何去查阅有关的资料并加以综合运用。学生们通过每周的导师制进行深入学习，有时导师辅导一组学生，有时导师对学生进行单独辅导。

导师制有利于导师针对学生的不同个性因材施教、精耕细作，有助于导师探测、挖掘和开发学生的潜能，引导和鼓励学生高质量的完成学业，从而促使学生独立钻研、开拓创新。学生可以在导师的指导下，根据自身特点构建知识能力系统。导师制为学生的学习和成才提供了广阔的自由空间，使学生学习的主动性和积极性大大

提高[39]。导师制教学促使学生对所学科目进行创造性思维，这也是牛津大学教学体系中最值得称道的地方。牛津大学通过导师制以及讨论、阅读、实验等丰富多彩的教学方法，遵循学生学习和教师教学的规律，充分调动学生学习自觉性和积极性，不断提高教育教学质量，培养出了一批批优秀人才。

  在我国，本科生导师制依然处于探索的阶段。由于近年来高校大规模地扩招和专业特点等因素，造成部分高校的师生比过低。一个导师，精力再旺盛，水平再高，自己也做学问的话，顶多带二十个左右的学生，在导师数量、精力等各方面的限制下，本科生导师制在我国的具体实施过程中很容易流于形式。导师制能有效提高大学生的学习兴趣，能够激发学生学习的主动性，对改善学风有很大的帮助，但在具体操作过程中如何实施好本科生导师制，则需要进行深入的理论研究和实践探索。

第二章 高职院校学风建设的理论基础与一般方法

第一节 需求层次理论与学风建设

1943年,马斯洛在《人类动机理论》一文中首次提到"层次理论",假定人的价值体系中存在五种基本需要为生理需要、安全需要、爱和归属的需要、尊重的需要、自我实现的需要。五个层次像阶梯一样由低层次向高层次不断发展,当低层次的发展得到满足后就会向高层次的需要发展,高层次的需要便成为人行为的主导激励因素。马斯洛认为人的一切行为都是为了满足不同层次的需要,即只有当有需要产生时才会产生促进行为发生的动机。学习行为也是一样,一定个体存在某种与学习有关的需要,才会有学习的动机。因此,分析需要层次理论,了解高职学生的需要层次特点,对学风建设中如何有效地调动大学生的积极性、有效开展思想政治工作起到了积极的促进作用。

那么,高职院校学风建设要了解大学生的需要特点,满足其低层次的需要,同时激发和满足学生归属和爱的需要,尊重的需要,并帮助个体达到需要发展的顶峰——自我实现的需要,从而调动起学生学习、工作、生活的积极性,实现组织自我发展。随着多元化社会的发展,学风建设工作面临着极大的压力与挑战,如何充分发挥学风建设对高校大学生的人生观、价值观的正确引导已引起社会各界高度重视。马斯洛需要层次论在学风建设中的应用开拓了学风建设工作的新格局，开阔了教育者的视野，同时更为学风建设工作增添了激情，注入了活力，为今后学风建设工作水平更上一个台阶翻开了崭新的一页。

一、生理需要和安全需要的满足是学风建设的基础

生理需要是人类生活以及以后自我实现需要的最基本的需要。学风建设中首先要保证大学生的生理需要。同时，良好的校园环境必不可少，满足其安全需要。对待这个问题时要把大学生群体分为高年级和低年级两个群体来看。对于低年级的大学生来说他们主要的安全问题是适应问题。主要表现为心理承受压力能力不强，适应性差。但是总的来说，现在的高校辅导员人数少，专业出身的少，心理辅导水平参差不齐；学风建设者应适时地有一定时间间隔地开设一些新生关心的学风建设课，帮助学生了解自己的优势劣势，给自身正确的定位，并鼓励学生提升自己的素质与能力，积累资本，以积极正确的心态面对毕业后的工作。

二、归属和爱以及尊重需要是学风建设的补充

进入大学后，大学生会建立起一个新的生活圈子，从这个圈子中找到依附感和被关爱感，所以人际交往的需要成为满足归属和爱以及尊重需要的主要方面。社团组织是学生再学习和创造的"第二课堂"，也为学生搭建了沟通和交往的平台，是大学生的自我教育和自我管理的重要载体。它将兴趣相同的学生聚集到了一起，根据他们的个性特点和兴趣，设置不同的学习内容、竞赛，培养了学生的自主学习能力。让学生以自己的自身兴趣技能积极为社团做贡献，兼具了人才和文化的培养，激发了学生的合作能力和团队意识，具有成员广泛性、课堂实践性、学术专业性和形式多样性的特点。在学风建设中，我们要坚持对社团的开放与选择、规范与渗透、人文与科学相统一，为学生创造良好的社团学习氛围，发展学生的各种

兴趣，满足学生的归属和爱以及尊重的需要。

三、自我实现需要是学风建设的最终归宿

自我实现的需要是在继前四个需要之后的最高层次的需要，是一种衍生性需要。按照马斯洛的观点，只有前面四种需要得到满足之后，才会产生自我实现的需要。自我实现需要是真善美人生境界获得的需要，是学生完善自己、生活成长的需要。缺乏自我实现需要，就会觉得努力缺少动力，生活缺少热情。大学生们所能感受到的自我实现价值主要表现在学习成绩上：奖学金的获得、职务的担当、成功的领导他人完成一学期的学生会工作并得到教师和同学赞许和认可或是课外活动上兴趣被激发，在活动中充分发挥了自己的主体性，课外生活不感到孤单寂寞，有所追求，这样他们才会感到被重视，感觉人生变得有价值了。学风建设者可以利用这些方面正确引导大学生的人生方向，告诉他们付出的意义，要树立正确的人生观、价值观和世界观。让大学生明白：结果不重要，重要的是努力的过程，只有通过自身不懈的努力得来的成功才会有价值。

第二节 态度改变理论与学风建设

社会心理学中的态度改变是指"在一定的社会影响下，一个已经形成的态度，在接受某一信息或意见的影响后，所引起的相应的变化"。从20世纪30年代开始，西方社会心理学家们分别从态度改变的过程、影响因素及功能等不同角度对态度改变进行了深层研究，他们分别试图用行为主义观点、认知的观点、信息加工的观点等对态度改变原因加以解释并提出了相关的理论。态度改变理论的核心观点认为我们要想改变个体的行为，首先要改变个体的态度或观点，只有当个体的态度或观点发生改变后，个体的行为才有可能发生改变。而态度改变过程中四种因素最为重要，分别是教育者（主体）、受教育者（客体）学风建设的内容与方法（介体）、社会环境及其

所提供的教育支撑条件（环体）。这四种因素也是学风建设中的四个主要因素，可见，态度改变说服模型与学风建设的四因素有相通性。这与态度改变过程有着相似性，这可以通过态度改变理论来诊断大学生学风建设过程中出现的问题，进而达到改变学风建设的方法或者改变被教育者态度的目的（王洁，2010年）。

一、采取适宜的说服方法和教育方法，营造和谐的教育环境

认知不协调理论告诉我们，当人们的两个认知即对态度对象的认知和对自己行为的认知不一致时，这种认知上的不协调使人产生心理上的紧张，于是有一种要将两种认知协调一致的驱动力，迫使个人改变态度。因此，要引起学生的态度改变，首先要引起学生的认知不协调，造成他们心理上的不平衡，激起他改变态度的愿望。进行学风建设的社会环境如果与学风建设理论课的内容相协调，那么学风建设的成效就比较高。我们在教育的过程中一定要了解学生，能够激发他们的学习态度，需要为他们提供一些"似懂非懂"的知识，即有一些理论基础，能够有基本的了解，但是又对新的知识不了解，有想学习的渴望。这样的知识才能激发他们的认知不协调，使得学生能够通过进一步的学习和理解来使得自己的认识达到协调状态。

二、强化"灌输"意识的前提下，推动教育对象变被动接受为主动内化

社会心理学家凯曼（AICIKelaman）认为，态度的改变不是一蹴而就的，而要经过模仿或服从、同化与内化三个阶段。

学风建设实践中，学生对有些教育内容的接受只能通过外在压力的驱使，被动地发生观念上的转变。针对这样的方法，我们还是要进一步强化灌输意识，虽然学风建设的重复性带来了教育中的困难，但是重复性的教育方式，可以使教育对象在潜移默化中受到教

育。在教育过程中我们要注重"以理服人",要以灌输作为途径而非目的,只有这样,才能做到对受教育者思想和行为的有效调控和管理,先进的科学理论才能被学生所了解,尤其是对重要思想以及党的路线、方针、政策都必须通过集中灌输,才能促进科学理论转化为受教育者正确的世界观、人生观和价值观。同时教育者要多用通俗质朴的语言、生动常见的事例、新颖积极的形式来活跃教学气氛,启发学生去思考,增强教学效果。最后,教育者还必须努力地设计教育活动,使课堂教学与课外实践相结合。

三、调动教育对象的积极性,变革教育方式,做到"以人为本"

态度改变的学习理论是由行为主义心理学家提出的,其基本观点认为人们态度的改变过程实际是一个学习反应过程。改变他人态度时,除要了解和掌握刺激和强化作用的特性外,还要对个体本身的情况有所了解。学风建设过程相对于教育对象来说也是一个学习的过程。学习心理学研究表明,学习是有目的、自觉地克服困难的意志过程,学习的效果取决于学习主体的积极性状态。因此,学风建设活动在内容设计上要有吸引力、感染力,要联系学生的需要、兴趣以及情感,激发学生的自尊心和自信心;在形式上要体现学生的主体性,做到"以人为本",最广泛地调动学生的积极因素,最充分地激发学生的创造活力,最大限度地发挥学生的主观能动性,使教育对象以"平等"的方式参与其中,更好地唤起兴趣,激发情感。为此,学风建设的方法也应由"说教式"向"参与互动式"转变,改变过去容易使学生产生厌烦情绪和逆反心理的那种"我说你听"、针对性差、内容枯燥、形式呆板的做法,倡导生动、活泼的"讨论式""激励式"和"引导式"的教育活动,让学生成为活动的主体,其身心受到激发,知、情、意、行会得到充分的调动,从而获得良好的学风建设教育作用。

四、塑造良好的学风建设工作者形象，加强理论素养

古希腊哲学家亚里士多德在探讨论辩艺术时就曾说过：与其他人相比较，人们更容易和更坚定相信完美的人。也就是我们通常所说的"爱屋及乌"。要想改变他人的态度，教育者应该在该学术领域拥有其权威，在学风、学识和资历上让学生信服。"学高为师，身正为范"，作为高校学风建设的组织者和实施者，必须提高自我觉悟，思想先进、观念开放、大胆探索、勇于创新，开辟出新时期高校学生学风建设工作具有针对性的新思路、新方法，要提高理论素养，扩大知识储备，改善知识结构，特别是要加强中国化的马克思主义理论的学习，结合时代背景和形势变化，将理论和实践相结合。同时教育者要以身作则，为人师表，加强品德修养，以自己的优秀品德、实干精神和突出的业绩去影响和教育学生。

第三节　自我效能感与学风建设

1986 年班杜拉在其著作《思想和行为的社会基础》中，对自我效能感做了系统论述，使该理论的框架逐步形成。他认为自我效能感指个体对自己能否在一定水平上完成某一活动所具有的判断能力、信念或主体自我把握与感受。认为是个体在面临某一活动任务时的胜任感及其自信、自珍、自尊等方面的感受。1974 年 Barfield & Burlingame 认为是使个体能够有效地同周围世界打交道的一种人格。1986 年 Asthton&webb 认为是个体对特定环境做出反应的一种心态。C. Midgley 认为是个体对自己的行为影响成绩所持的有效或无效的感觉。1991 年张春兴认为是个人对自己所从事某种工作所具能力以及对该工作可能做到地步的一种主观评价。1993 年周国韬、戚立夫认为是个体对自己能够进行某一行为的实施能力的推测或判断，它意味着人是否确信自己能够成功地进行带来某一结果的行为。1993 年杨心德认为是个体对自己所采取的行为影响行为结果所持的有效或

无效的自我体验。1996年董奇等认为是个体对自己能否胜任某项活动的自信程度。综上所述，这些界定虽然各不相同，但其核心思想是一致的，都涉及对自己能力的自我评价问题，是属于自我意识的一个重要内容，是自我意识在情感上的一种表现。自我效能感是指个体在特定情境中对自己某种行为能力的自信程度，即自己在面临某一具体的活动任务时，是否相信自己或在多大程度上相信自己有足够的能力去完成该活动任务。（潘红霞）

处于青春期的大学生，自我意识高度发展，他们比以往任何时段都关注他人对自己的评价、重视自己在群体中的地位，这时也是发展和培养自我效能感的关键时期。我们有必要从理论与实践相结合的角度，探讨高校学风建设工作中如何培养大学生自我效能感的问题。自我效能感作为心理学中一个重要的理论，在各个领域中都有一定的指导意义。对于学风建设同样具有重要的方法论意义。

一、增加学生对成功的体验积累

自我效能感是学生与环境发生相互作用的效能的主观判断，不是凭空做出的，它依据的是学生多次亲身经历某一活动而获得的直接经验，是获得自我效能感最重要的途径。成功的经验可以增强学生对自身能力的预期，而持续的失败就会降低这种预期。所以挖掘学生的成功经验，帮助学生提高自我效能感。因此，教育者应多组织学生参加各类活动和竞赛。如组织学生参加各类社团活动、文艺活动及各类竞赛等。给学生尽可能多地提供展示自我的舞台，提供体验成功的机会。同时，在学生获得成功时，要及时予以外部强化。班杜拉指出，在人们掌握了某些知识和技能，显示了自己有能力的时候，外部强化能促进任务的完成，促进他向新的目标迈进，掌握新的知识和技能。

二、抓住教育的契机，树立学习的榜样

获得自我效能感，也可以观察别人所得到的替代性经验。看到

与自己水平相近的人获得成功能促进自我效能感的提高，并增强实现同样目标的信心。而看到与自己水平相近的，尤其是付出很大努力后失败的人，则会降低自我效能感，觉得自己也不可能获得成功。因此，教育者应为不同层次的学生树立获得成功的榜样，使各层次水平的学生都能看到与自己水平相近的人获得成功，借机提高学生学习的信心。主体认同的对象、心目中的范例就是榜样。榜样是主体认为值得学习的好人或好事。有关研究表明，榜样具有相似性，因此选择同主体的主客观条件越相似或相近的对象效果比较好。所谓"物以类聚，人以群分"。因此，在大学生学风建设过程中应选择与主体主客观条件接近的对象。

三、鼓励学生进行积极的归因

韦纳从三个维度（内部—外部、稳定—不稳定、可控—不可控）将人们的成败归因为努力程度、能力高低、运气好坏和任务难易、身心状态、外界环境等因素。如果把失败归因于努力不足这种内在的可控的因素，那么一般不会产生对自己能力的怀疑，做进一步的努力以争取成功。反之，如果把失败归因于能力不足这个内在、稳定的因素，则会导致学生对自己的能力失去信心，也不愿意做进一步的努力。归因是指个体对影响和决定自己行为和活动的原因的看法，它是指人们对自己或他人的活动及其他社会事件的原因做出的解释或推论。积极的归因方式有利于学生自我效能感的形成，特别是学生将自己的成功归因于努力或能力，可以增强成功期望、成就动机，并产生积极的情绪体验，提高自我效能感；反之，消极的归因方式会降低成功期望和行为动机，并产生消级的情绪体验，降低自我效能感。（潘红霞）所以，学风建设工作者应鼓励学生对自己进行积极的归因，并及时给学生以归因反馈，以增强学生的自我效能感。应注意的是，归因的维度对不同的学生是不同的，如"能力"对于某些学生是不可改变的因素，但对于另一些学生而言可能是会改变的。因此，学风建设工作者应针对不同学生、不同任务和场合对学生进行归因训练。归因训练可遵循以下步骤进行：①了解学生的归因倾向；②让学生进行某活动，并取得成败体验；③让学生对自己的成败进行归因；④引导学生对自己做积极的归因。学风建设工作者要引导学生认识人与人之间的差别，使学生学会横向比较和纵向比较，学会全面的归因，避免把自我评价做得消极从而影响自我效能感的建立。

四、进行积极的强化

有效培养自我效能感还可以做积极的强化，强化包括积极的自我强化和适当的外部强化。积极的自我强化以自我奖赏的方式激励或维持自己达到某个目标，目标的实现会提高自我效能感；反之则易对自己的行为能力丧失信心。外部强化能促进学生较好地完成任务，激励学生去不断奋斗。再者外部强化还可以提高对自我能力的判断、看到自己的进步。要注意的是，并不是强化提高了人的能力，而是由于进步受到了强化，从而加强了人的自我效能感。学风建设工作者应当寻找强化的契机，当看到学生取得进步的时候，哪怕是一点点的进步也应该及时给予表扬鼓励。

五、确立合理的奋斗目标

人的行为不仅受外部强化的影响，还受到自我强化的作用。培养学生进行积极的自我强化，关键是指导学生建立适合自己的奋斗目标。不能偏高，也不能偏低，标准过高，易遭受失败和挫折，标准过低，又不能激发进一步探索的热情。在一个具体的目标任务中，学生可以通过观察自己的问题解决程度或进展情况来判断自己的能力。同时学风建设者还要注意引导学生多和同伴做正面的比较，避开消极的比较，使学生建立合适的标准，促进自我效能感的提高。

六、感染学生积极情绪

班杜拉认为，情绪和生理状态与自我效能感的形成有着重要联系。强烈的情绪，通常会妨碍行为的表现而降低效能期待；积极稳定的情绪和生理状态会提高自我效能感。教师的情绪和学生的情绪对于增强学生的自我效能感都很重要。教师以自身积极情绪或以自身较高的自我效能感感染学生的情绪不失为一条较好的途径。教师应注意平时用饱满的精神、充足的自信来面对学生，从言语表达、衣着服饰、行动举止传达出来。正可谓"近朱者赤，近墨者黑"，在充满自我效能感的教师的感染下，学生的自我效能感更容易得到培养和提高。

第四节 强化理论与学风建设

一、强化理论的概述

最早提出强化概念的是俄国著名的生理学家巴甫洛夫。后来是斯金纳从巴甫洛夫那里借用来进一步发展，但是内涵发生了变化。在巴甫洛夫经典条件反射中，强化指伴随于条件刺激物之后的无条件刺激的呈现；在斯金纳的操作条件反射中，强化是指伴随于行为之后且有助于该行为重复出现的概率增加的事件。至今，强化概念一直是各国心理学家和生理学家广泛探讨研究的课题，而且已经形成一种理论体系。现代心理学认为，伴随行为之后，并有助于增强行为重复出现的可能性事件，称为强化。

桑代克的效果律。桑代克认为学习是通过失误形成刺激——反应的联结，学习的主要规律是效果律。"在刺激与反应之间形成可改变的联结，给以满意的后果，联结就增强，给以不满意的后果，联结就减弱。"奖励是影响学习的主要因素。

斯金纳的强化理论。斯金纳将行为分为两类：一类是应答性行为，是与生俱来的，属于不学就会的本能性行为，是由特定的、可观察的刺激引起的反应；一类是操作性行为，必须经过学习才能获得，是有机体自身发出的反应，与任何已知刺激物无关。与这两类行为相应，斯金纳把条件反射也分为两类。与应答性行为相应的是应答性反射，是强化决定反应；与操作性行为相应的是操作性反射，是反应决定强化。斯金纳认为，人类行为主要是由操作性反射构成的操作性行为，操作性行为是作用于环境而产生结果的行为。斯金纳很重视操作性条件反射，因为这种反射可以塑造新行为，在学习过程中尤为重要。教育是对学生行为的塑造，教育和训练要取得成功，必须建立特定的强化措施。他把强化刺激看作学习过程，是塑造行为和保持行为强度的关键。他说："要保持行为的强度，就必须强化。"在他的理论体系中，强化是主要的自变量，他认为之所以发生变化就是因为强化的作用，对强化的控制就是对行为的控制。因此，强化理论是斯金纳学习理论中最重要的部分和基础。

班杜拉的强化观。社会心理学家班杜拉在其观察学习中对强化理论做了进一步的发展，他把强化分为直接强化、替代性强化和自我强化。替代性强化是指观察者或模仿者在学习中不必直接受到外部强化，只要以他观察或模仿的榜样为媒介，受到间接强化就会做出相应的反应。自我强化是指人能够自发地预测自己行为的结果，并依赖反馈进行自我评价和调节，从而能控制自己的行为。

二、强化理论在学风建设中的运用

（一）利用强化引导学生主体性发展

自主性和积极性是主体性的基本特征，创造性是主体性的发展和升华。在教育过程中如何发挥和培养学生主体性便成了学风建设所必须考虑的问题。首先，利用积极的外部强化引导学生主体性的发展。教师在提供外部强化的同时，还要积极创造条件和机会，让学生实现预期目标，感受到成功的喜悦。其次，利用自我强化促进学生主体性的发展。在教学中，教师要明确教学目标，并将教学目标层次化，使学生能够根据自身的学习情况，选择和确定适合自身发展水平的目标，为学生自我强化确立提供参考依据。

（二）在教学中适当地运用及时强化

研究者发现，及时强化是很重要的，个体表现行为之后立即给予强化，有助于个体将行为后果和行为本身建立直接的联系，从而促进该行为的出现率提高。而不适宜的延时强化，会导致学生的动机受到阻滞，迟到的强化往往不能向学生提供维持学习行为所必需的信息。将及时强化和延时强化手段在教学中因时、因地、因情制宜，灵活运用，一般知识技能学习要及时强化，对自我意识差的学生应及时强化。另外可因情因人，两种强化配合使用均能起到好的效果，学生既是学习的客体，也是学习的主体，我们应培养学生自我强化的能力，提高自觉性，教给学生如何使用强化这一工具，对学生进行反复强化以利知识牢固掌握。

（三）塑造学生良好行为

教育就是行为塑造，塑造在不久的将来会对个人和别人有利的行为。塑造是强化行为的一步步变化，最后达到目标行为，其中的刺激情境一般是不变的，而反应则由最初的起始反应向最终目标行为变化。强化是塑造学生行为的一种重要方法。斯金纳认为："教育就是塑造行为，"如何通过强化去塑造行为，斯金纳采用连续接近的方法，对趋向于所要塑造的反应发展方向不断给予强化，直到引出所需要的新行为。探讨教育中的强化理论的基本理论，对于在教学中激发学生的学习动机和学习兴趣，矫正学生的不良行为、塑造良好行为具有深远的意义；教育中运用强化理论，对了解学生的学习，提高人的学习效率，塑造新行为具有一定的参考意义。

第五节　归因理论与学风建设

1944 年，美国社会心理学家海德在一个有关外显行为的实验研究中发现：行为者做出判断的方式与这种对于活动起因的归属密切相关。此后海德一直关注于归因的研究。1958 年海德创建了归因理论。归因理论是关于人们如何解释自己或他人行为以及这种解释如何影响他们的情绪、动机和行为的理论。概括起来说,归因理论主要研究以下三个方面的内容:其一,对人们的心理活动的归因,即人们心理活动的产生应归结为什么原因;其二,对人们的行为的归因,即根据人们外在的行为和表现对其内在的心理活动的推论,这是社会认知方面的主要内容;其三,对人们未来行为的预测,即根据人们过去的行为表现预测他们以后在有关情境中会产生怎么样的行为。

20世纪60年代后期,剀利提出了自己的归因理论——三维归因理论。三维归因理论也称作共变理论或方差分析归因模式。凯利认为,人们在接受行为的原因和结果的共变信息时,信息可能来自行为者本身、行为所指对象和行为产生时的环境等三方面,而归因就是要在这三个方面中找出能够说明和解释行为的那一个因素。因此,在实际的归因过程中应遵循三条原则:一是差别性原则。这是指一个人在众多场合下都表现出这种行为,还是仅在某一特定场合情境下表现这一行为。如果是前者,说明差别性低;如果是后者,说明差别性高。二是一贯性原则。这是指一个人特殊行为的发生是一贯的还是偶然的,如行为者的反应不因时因地而异,则说明一贯性高;反之,一贯性就低。三是一致性原则。这是指一个人的行为表现是否与周围其他人一致,即是否所有的行为者都以同样的方式做出反应,如果是,则说明一致性高;反之,一致性就低。

一、指导学生进行归因分析

学生对自己的行为后果进行分析、认识的过程就是归因分析,以后的行为又受到认识的结果和在认识过程中产生的情感的影响。学生的认识能力还处于不断发展和提高的阶段,他们的自我意识还没有完全形成。教师对学生的学习行为进行归因分析和指导,有利于调动学生的学习积极性,增强学生的自信心。

给学生分析影响学习成功和失败的原因时要根据学生的个性特点进行归因分析与指导,引导学生把学习成败的原因归于内在的、可控制的和稳定的因素上。当外在的、不可控制的和不稳定的因素明显地影响全体学生或部分学生的时候，教师应通过归因分析，找出其成功或失败的真正原因，即进行正确归因，尽快消除学生的思想压力，让他们获得继续努力的信心。

二、对学生做出适当的期待

心理学上有一个著名的"皮格马利翁效应"，它说明了期待对学生学习所产生的影响。教师应恰如其分地表达自己对学生的期待，从而给他们带来学习的动力。但期望值要适当，如果太低则起不到促进和推动作用，太高了反而又会给学生造成心理上的压力，使其焦虑水平过高，对某些学生会产生消极的影响。心理学家认为恰当的期望值应与学生的抱负水平相当。因此，教师要了解学生的理想、抱负和实际的智力、能力状况，在此基础上提出恰当的期望和教育目标。

三、对学生进行归因训练

教师只有帮助学生清楚地了解自我的归因品质，才能进行自我控制、矫正。学生可以通过咨询的形式，让教师一方面解答他们在学习上碰到的问题，一方面通过他们提出的问题，了解他们学习成败的原因，在此基础上进行指导。教师也可以进行有关归因的讲解，让学生明白自己在归因中存在的问题，从而形成其正确的归因倾向。

教师要善于运用和创设归因情景，寓归因于教育活动之中。如运用演讲、音像、故事会、报告会等形式介绍名人名家刻苦学习和努力工作所取得的成就。还可以举行多样的竞赛活动，使学生通过体验的方式感受自己用努力获得的成功，进而从情感上增强对归因的正确认识。

让学生在规定的时间内完成不同难度的任务，然后要求学生在事先预备的归因因素中作出选择，并对完成任务情况作出归因，每当学生作出比较积极的归因时，教师应给予及时鼓励，并暗示和引导那些很少积极归因的学生，促使他们正确归因。

第六节 积极心理学与学风建设

积极心理学（positive psychology）是20世纪末兴起于美国心理学研究的一种新型模式，它是利用心理学目前比较完善和有效的实验方法与测量手段，来研究人类的力量和美德等积极方面的一种心理学思潮。在美国，Seligman教授和同事们已经开始为积极心理学奠定基础，补充完善了以人类缺陷为基础的理论。这个新的心理学分支主要关注与人的积极力量和幸福有关的科学研究，它要求心理学家用一种更加开放的、欣赏的眼光去看待人类的潜能、动机和能力，强调从正面而不是从负面来界定与研究心理健康，运用积极心理学不仅帮助那些处于"逆境"中的人们知道如何求得生存并得到良好的发展，也帮助那些处于正常环境条件下的普通人学会怎样建立起高质量的社会生活和个人生活。因此，它的问世不仅在美国很受青睐，也赢得了世界范围内心理学理论和实践工作者尤其是中国心理健康教育理论和实践工作者的普遍欢迎。

积极心理学的理论取向是从研究人自身的积极因素入手，通过不断地激发人自身内在的积极力量和优秀品质，并利用这些来帮助人们最大限度地挖掘自己的潜力而获得良好的生活。这为我们当前的大学生学风建设提供了有益的启示。（胡慧，2009）

一、预防为主，心理咨询与辅导作为辅助

积极心理学提出的积极预防理念，能有效地预防来自个体内部的各项塑造能力，而不是当内部产生了问题时依靠外在的力量进行修补。积极心理学认为人类自身存在着各类可以抵御心理或精神疾病的力量，它们是勇气、诚实、毅力、乐观主义、关注未来。如何在青年人身上培养出这些品质是预防的主要任务。因此，积极心理学认为，单纯地关注个体身体的弱点和缺陷不能产生有效的预防效

果，而是通过挖掘并专注于身处困境中的人自身的力量就可以做到有效的预防。由此可见，我们的学风建设也应把关注点放在挖掘处于心理困境中的大学生身上的积极品质。例如，一个学生因个人的身材或长相而自卑，那我们可以引导他关注他所具有的如善良、诚实、责任心这些优秀品质；一个学生因自己没有开朗活泼的个性，不善于处理人际关系而感到苦恼，往往是他具有着其他人所没有的独立思考、深刻的洞察力。他们抛弃了自己的优点却效仿或羡慕着别人的优点。大学生如果具有这种善于关注自身的优秀品质，忽视并且渐渐忘却自身的缺点，就会有效地预防各种心理问题的发生。因此，学风建设应将关注点放在大学生积极品质的挖掘，使大学生具有来自自身内部的较为完善的塑造功能，能够有效地预防各类心理问题，而作为学风建设的辅助手段心理咨询与辅导，主要是对那些有心理疾病或障碍的个体学生做的针对性的帮助。学风建设的主导方向应放在关注学生的积极品质，以此形成大学生自身完善功能，进而实现有效的预防。

二、着眼未来，确定学生终身幸福的教育目标

积极心理学认为，主观幸福感是指对其生活的看法和感受，这种幸福感的关键是个人的价值观和目标如何在外部世界与生活质量之间进行协调。他们得出的结论是，不是发生在人们身上的事件决定了他们是否感到幸福，而是人们对事件的解释和看法决定人们的幸福感。这种观点与心理学家埃利斯提出的合理情绪疗法如出一辙，他经过长期的临床实践，总结出那些不合理的观念具有三大特征：第一绝对化的要求，第二过分概括化，第三糟糕至极。（胡慧，2009）由此，在学风建设中，我们首先要做到的是使大学生对自己所经历的过去事件的清理，认真分析目前的心理状况，确定哪些事情是由于对过去事件的不合理认知而导致的，并用合理的、恰当的认知理念代替。这一过程就是重新评价过去，形成积极情感体验的过程，同时也是大学生对过去产生满足感，促进其心理健康的过程。

一般认为，客观地看待自己的状况才是健康的。然而，积极心理学通过对 AIDS 之类病人的研究认为，对未来的不确定保持乐观信念反而能使个体免除疾病，那些保持乐观的病人比面对现实的病人的症状出现得更晚活得更久。这似乎难以接受，个体沉浸于对未来的希望与幻想中反而比接受现实、面对现实更受益。同时积极心理学关于情绪对健康的影响的研究又指出，那些具有高乐观主义的人实际上更有可能为自己提供有关自身疾病的不利信念。由此可见，积极心理学目前正处于起步阶段，不同理论研究结果的相悖为进一步的深化研究提供了空间。因此，在大学生的学风建设中如何对待现实的这个问题的价值导向上，必须让学生首先做到接纳现实，当非人力所为时，只有在经历了长期的忍受与磨炼后，才更有可能实现对现实的超越。

三、正向关注，致力于大学生优秀品质的培养

积极心理学关于自我决定的研究认为，人类的三种需要：胜任的需要、归属的需要、自主的需要都得到满足时，个人的幸福和社会的发展将具有乐观的前景，个体如果满足三种需要的条件后就会受到内在激励，能够充分发挥他的潜能并寻求更大的挑战。在大学生学风建设中，与大学生的各项丰富多彩的有益活动结合起来，充分发挥其各项才能来满足他们胜任的需要。当这些为他们的发展与幸福带来乐观前景的需要不断地得到满足时，就会极大地激发他们内部潜能并逐步走上自我发展与超越之路，维护自身的心理健康。

四、积极应对，正确处理学生的各种心理问题

在大学生的学风建设中，应正向关注学生的积极品质而不是对学生所产生的心理问题采取消极的回避。正如心理咨询中的森田疗法所采取的理念一样，出现问题是正常现象，没有什么大惊小怪的，也不必刻意地非要改变自己不可，接受现实，坦然地面对目前的自己才是最重要的。然后认真分析自己的优势与有利的条件，做出最

佳选择，提出解决问题的创新性思路并积极向新的方向行动。因此，当问题出现时首先要让学生做到坦然面对，其次让学生掌握合理有效并具有针对性的方法，这样才能尽快地帮助他们走出心理问题的阴影。总之，出现了问题就应采取积极的态度面对才能尽快走上恢复心理平衡、保持心理健康之路。

五、课堂实践，营造和谐融洽的氛围以促进学生的心理健康

学风建设的最终目标是致力于学生的和谐发展、潜能的开发和积极的经验的形成，作为实施这一教育过程的主导者———教师，在学风建设中，应努力营造愉快和谐的课堂气氛，教师应该具有亲和力不让学生感受到压抑，能够让学生敢于轻松自如地表达自己并使学生以积极开放的姿态融入到课堂环境中，在这样的课堂中，体验到被尊重，学生感受到安全，与同伴们共享着快乐。当学生能够在其中经历着幸福感的时候，就已经是在实践中促进学生的心理健康了。目前，大学生在看待心理健康教育现象时存在着某些偏见，认为只有心理出现了问题时才需要心理健康教育（甚至即使是出现了心理问题自己也不能识别，有些学生也没有勇气走进专业的咨询机构寻求帮助，只有自己承受着痛苦的煎熬），而对心理健康教育在个体的自我成长与完善的促进功能上缺乏深刻的认识，当他们带着这种偏见走进心理健康教育的课堂时，就会以一种防卫的、漠然的心态来看待教师和心理健康教育课程，而这种心理已经对学生的心理健康的维护造成了负面影响。而教师本人应该以积极的、开放的、富有感染力的姿态去接纳学生、亲近学生，以良好人格来营造和谐融洽的课堂氛围，促成学生的心理健康。因此，通过心理健康教育课堂这一维护学生心理健康的主阵地，本身就努力实现着心理健康教育的目标。

第三章 高职院校学生特点分析

随着社会经济的发展和信息化时代的到来,高等职业教育作为我国高等教育的重要组成部分发展迅速,越来越多地受到国家和社会的关注。《中共中央关于全面深化改革若干重大问题的决定》(2013)指出:"加快现代职业教育体系建设,深化产教融合、校企合作,培养高素质劳动者和技能型人才。创新高校人才培养机制,促进高校办出特色争创一流。"高等职业教育的目的应该是知识教育和能力教育的统一,不仅仅是学习科学文化理论知识,还应培养高职学生科学素养和创造性思维,使他们具备更丰富的知识理论基础和自主学习能力。因此,准确了解高职学生学习现状,正确认识和分析当前高职学生的思想状况,努力做好新时期高职学生的学风建设管理工作,结合高职教育的特殊教育类型、学校自身学风建设发展特色和高职院校学生实际情况来加强高职学生学风建设,形成良好的学风氛围,促进学风建设的发展,推进高职人才培养的长远发展。

第一节 高职院校学生一般特点分析

高职院校学生的年龄大致为18~22岁,这个年龄段正是一个人能力与自我意识多元化发展的重要时期。而且高职生生源广,使它们在各个方面的表现上都会出现不同程度的差异,同时也存在着一些共同的特点。

一、实践动手能力强，理论学习困难

（一）高职院校课程偏向技术应用，学生操作能力强

由于社会经济的发展，我们需要培养一大批在生产一线从事制造、施工等技术应用工作的专门人才。高等职业教育正是为满足这种需要而发展起来的。因此，培养与我国社会主义现代化建设要求相适应的，掌握本专业必备的基础理论和专门知识，具有从事本专业实际工作的全面素质和综合职业能力，在生产、建设、管理、服务第一线工作的高级技术应用型人才是时代所需。为了满足这种需要，大多数学生对实践操作比较积极，有的还能在生产现场进行技术指导和组织管理，解决生产中的实际问题。

表现为一方面大多数高职院校生都明白自己的成绩不好，再加上社会上对专业技术人才的需要，他们都理解专业技术对他们的重要性，因此他们在实践课上都会努力学习动手操作。长期的动手操作过程中使得他们动作娴熟，灵活度提高，最终经过自己的努力学得一门好的手艺。另一方面很多同学对文化课学习没有兴趣，学习成绩不太理想。教育者建议可以考虑选择与自己相匹配的职业院校，因为高职院校特色的课程设置，会更容易激发他们的兴趣，培养他们的自信心，让他们找到自我满足感。

（二）高职院校课程理论强调实用、够用，深入学习困难

学生到了高职院校后，专业化的教学模式和学习内容让他们在高中应试的思维模式下一时无法快速转换。即使适应了，遇到学习上的困难，由于没有如影随形的教师监督和自我施压，就会出现难题永远是难题，不去想办法解决，最后变成以应付考试为主，学习知识为辅的学习模式，这就偏离了我们职业教育的目标，而且这种"重实践，轻理论"的思想不利于个人的健康发展。同时，从原来高度紧张的学习环境一下子进入相对宽松，没有人背后步步紧逼的环境中，虽然很多学生能认识到学习的重要性，会参加教育活动、教育课程来获得相应的学分，但并没有很强的提升个人素质的目的。

对他们来说学习过程只是为了迎合市场需求，而本身却对这些却不怎么感兴趣。如果没有教师监督，很难自主进行学习，自控能力较差，缺乏计划性和学习目标，不能很好地掌握大学学习的方法。

还有一部分学生升入高职院校后，人生目标模糊、学习的主动性自觉性不足。缺乏青年人对知识的广泛涉猎和锐意进取精神。不确定将来要做什么，职业劳动角色缺失。在学习态度上不具有计划性、好逸恶劳、缺乏动力、不求进取，自我期望值较低，认为只要能上所学校就行。再加上他们的学习习惯、学习方法本就不好，导致他们自己对生活茫然，不能合理地安排自己的时间，把宝贵的时间和精力浪费在上网聊天、在宿舍睡觉等无聊的消遣上；平时学习不努力，作业靠抄袭、考试靠作弊；吃苦能力差，缺乏坚强的意志和顽强的毅力，稍遇困难就灰心丧气，经受不住挫折和打击，最后把自己搞得一塌糊涂，缺乏理论知识的基础。

二、文化基础层次不高，人文素质有待提高

近年来随着高校的全面扩招，绝大多数普通高中毕业生都能考上本科院校，高职院校的招生在各地是最后一个批次，使得高职院校的学生生源差。经过高考这场无硝烟的战争，他们尝尽了高中学习的酸甜苦辣，艰难地度过了高中生活。虽然他们圆了大学梦，但进入学校后，由于自身基础不牢学习能力差，各方面的素质都难以适应大学的学习和生活。

（一）人文素质缺失

1. 人文知识欠缺

由于长期只重于技能的学习，使人文知识的学习相对处于弱势甚至被忽视的地位。学生从心理上不够重视，自然就淡化了人文知识的掌握。如因为语法、词汇运用等缺乏深入学习造成语言表达思维混乱，言不达意的状况；在写文章时表达不流畅，没有逻辑性。此外，由于网络文化的冲击，有些文字表述经常是汉字英文"火星文"的混杂，对语言基本知识的掌握运用能力越来越弱。

同时学生对历史知识和中国传统文化等知识比较匮乏，理解力也相对较弱。

高职院校学生人文知识的欠缺使得其人文精神滑坡。表现为世界观、人生观不清晰。世界观、人生观、价值观和道德观倡导人与人、人与社会、人与自然之间的和谐共处，这是一种关爱他人，以社会为己任，以真善美为最高追求的理性态度和价值取向，但由于受社会功利的影响，学生的人文精神正在下滑。

2. 缺乏基础文明修养

许多学生只重视专业知识学习而忽视人文学习，也不注重自身的品德修养，导致学生精神风貌、基础文明修养表现很差。在校园里，随处可见纸屑、果皮、饮料盒、食品袋；教室、宿舍经常会有长明灯、长流水；有些学生为了发泄而损坏公物；有的脏话不离口；学生在礼貌、诚实、守信、勤奋等基础文明表现欠佳，缺乏基本的文明素养。

3. 缺乏理想信念和正确的人生追求

有的大学生社会责任感明显淡化，生活价值观偏重于强调个人利益的满足和自身个性的发展。表现在重功利轻道义、重物质轻精神、重索取轻奉献。有些学生过分强调自我，不关心他人，一切以自我为中心，斤斤计较，不会换位思考，与他人相处不和谐。由于每个进入大学的高职院校学生以前所处的社会环境、成长环境都是不同的，因此，他们的价值观也不尽相同，呈现多元化的特点，而且，由于市场经济的确立，西方一些不良思潮正在影响着学生的价值观。实用主义、拜金主义、享乐主义开始在校园内出现，学生的价值观中出现了功利主义、实用主义倾向，甚至沉迷网络、好吃懒做、不思进取，生活极度空虚。还有些学生从入校开始就无目标，缺乏对未来学习生活的合理规划。心态浮躁，受功利化思想影响，目光短浅，片面追求"考证"，没有理想和追求，自然就淡忘了高尚的精神追求，没有了高尚的人生目标。

(二)英语学习困难

1. 学习动机不明,缺乏正确的学习方法

道格拉斯布朗曾指出动机经常用来说明一个人处理复杂工作的成败,工作上很容易成功是因为具有动机。大部分高职院校学生将在毕业后直接走上工作岗位,所以在学习中职业目标占了主要部分,且家庭、学校、社会的期许值不高,学习的压力相对不高部分成绩差的学生也能进入高职院校学习,这样的环境决定了他们很难通过学习成就感来获得其他同学的尊重和威信,也导致了不少学生抱着破罐子破摔的心态来学习,使之学习动机不明。

在高职院校学生群体中,不乏有积极上进的学生,他们并没有放弃学习,仍然积极主动投入学习中。但是从学习效果来看,很多学生并不理想,而缺乏行之有效的学习方法是主要的原因。

2. 英语听说能力极差

大多数的学生只能进行最简单的日常生活对话,还有一些学生在读英语课文时用汉语的发音方式来读英语单词,教师如果用全英语授课,学生几乎听不懂,还有一些不敢张口说英语,在敢开口的学生中大多数口语表达词汇贫乏,句子结构不完整,动词搭配不当,语法错误很多。

3. 英语学习的外在条件较差

目前高职院校教学重视层度不高,多数学校和教师对英语教学重要性认识不足,另外,等级考试淡化,高职院校的英语教学考核也有弱化的趋势,造成一定影响。无论是师资还是课时安排上,高职院校教育都显得不足,学校将学生培养的重点放在本科上面,其次才是高职学生,对于教师的配备也是一样,把教学经验丰富的教师安排到本科大学,只把刚毕业没有经验的年轻教师安排到高职学校等。(田洁,2008)

(三)信息素养较低

1. 信息意识淡薄

学生对信息价值的敏感性不是很强,对信息判断缺乏准确性,在实际生活中有盲目接受信息的现象，对获取的信息的真实性和正确性不能合理判断，获取信息的渠道也有限，多半是教科书和靠平时知识的积累，缺乏自主获取信息的意识。

2. 信息能力较低

目前，我国在中学普遍开设计算机基础及信息技术课程，进入高职院校的学生多半都具有一定的计算机网络基础，对网络搜索引擎及计算机搜索功能也比较熟悉，但是从大量复杂的信息中准确筛选获取所需的信息并对获取的信息进行科学地分析、分类、归纳能力却比较弱，还有待进一步提高。

3. 信息伦理道德淡化

随着人们的生活节奏加快，互联网越来越能满足人们追求新颖、真实、及时和富有针对性的信息交流的要求，越来越成为高校师生获取新知识和捕捉新信息的重要渠道。但由于网络的虚拟性、开放性、隐蔽性等特点，以及隐藏在其中的某些不良因素，给当代高职生的道德观念、行为方式等带来了许多影响和冲击。加上运用网络的一些高职生还没有形成与之匹配的精神境界，因此极易造成道德人格的缺失。还有一些网络信息交流缺乏直接的舆论监督与社会压力，出现了高职生社会责任意识弱化的倾向。（王卿，2007）

（四）创新能力较弱

随着社会的发展，人们越来越意识到创新的巨大力量。高职院校学生创新能力差主要表现在：被动性，大部分不能主动地学习，很少参与各项科研创新活动，自身主体的积极作用没有发挥出来；实践性差，创新本身也是一种创造性的实践，可是在学校生活当中很少有学生去进行创新的实践；缺乏自信，害怕失败，缺乏创新实践的勇气，没有投身创新的冒险意识，很多的学生甚至是思想上没有参与的好奇心。所以，他们的创新能力缺乏内在的动力和激情；创新学习能力较差，缺少发现问题的科学思维，信息检索能力较弱，知识得不到较快的更新，标新立异的能力微弱；创新活动成果很少，极少有学生参加科技活动作品获奖，发表相关论文更是少之又少；

缺少创新思维能力，不能对所学知识提出质疑，没有自己独立的见解，不能破除惯性思维。

三、职业独立意识强，但缺乏生涯规划

（一）独立与依赖并存

高职院校学生存在强烈的独立意识，不希望别人打扰，讨厌父母、教师、同学、朋友过多地管自己的事情，希望有些事情可以自己做主。但与此同时，由于独生子女比较多，从小到大很多事情都是父母包办，很少自己洗衣服、做家务，因此在日常事务和经济上对家庭依赖非常大（周彩云，2009）另外，由于部分独生子女被宠惯了，与人分享的能力、合作的精神相对较差，人际交往方面存在一定的欠缺，有事情也不愿意和同学交流，感觉孤独，对父母存在很强烈的情感依赖，但同时又不愿意与父母深入交流，时常存在独立与依赖并存的矛盾心理。（赵文博，2010）

（二）自我意识较强，行为方式务实

由于大多学生为独生子女，平时在家里娇生惯养，不愁吃喝过着"拿来主义"的生活导致他们的自我意识较强，而且在东西方思想文化交流碰撞的今天，使部分学生表现出人生价值取向务实化且具有功利性，对自己没有好处的事情就一副"事不关己，高高挂起"的态度。在考虑自我发展问题时，易出现偏重功利和个人利益情况。受功利化价值观影响，更加注重实际利益，在乎、争取和维护自身利益。受其影响学生的心态产生了变化，部分学生认为交钱上学，是为了自己将来有份好工作，有更好的前途。遇到事情时，首先考虑对自己是否有好处，有好处就积极去做，反之就不做或消极对待。（肖燕，2013）

（三）劳动意识缺失致使职业规划不明确

相对于高中生活，高职学校课程安排较为轻松，公共课授课多采用合堂方式，这是导致学生班级集体淡化的一个重要因素。另一方面大家来自不同阶层的家庭，各方面条件不一样，从某种程度上

来说不利于班级凝聚力的形成，再加之现在的高职学生大部分是独生子女，家长的过分溺爱使他们处处以自我为中心。生活上自理能力差忽视个人的清洁卫生，最后使得他们在独立面对生活时困难较多；在价值观上过多地强调自我价值的实现而忽略他人，因此在集体活动中缺乏担当，缺少对集体和社会的责任感、义务感和奉献精神。还有一些学生不尊重劳动人民，尤其是体力劳动者。在进入大学就自认高人一等觉得自己是天之骄子，瞧不起工人、农民，甚至不尊重自己的父母，感觉自己的父母是体力劳动者好像很"没面子"，认为父母丢了自己的脸，脱离了劳动人民，不注意向劳动人民学习。从而直接导致了对那些辛勤劳动成果的浪费。有的甚至不顾父母挣钱的辛苦，盲目攀比，追求时尚，享受生活。

高职院校教育节奏快、多元化的培养模式使得高职院校学生在大学三年之间要完成从高中生到大学生，到实习生，再到准职业人，进而成为职业人的转变，也使得他们对身份和角色的转换非常频繁，使得他们在适应能力上较差。他们的职业规划是模糊的，他们在选择自己的专业的时候，就不考虑自己的兴趣爱好，而是选择与"能赚大钱的，社会地位高"相关的一些专业。因此我们常常可以看到这样一些奇怪的现象：在求职择业中毫无主见，存在从众心理。而那些找到工作的学生在就业后频繁跳槽，稍有困难就逃避，为金钱随意放弃自己的职业理想和追求。还有一些学生在找工作，选择企业的时候，不是以公司发展前途适不适合自己为标准，而是以"工作越清闲越好，工资待遇越高越好"为标准，高不成低不就，结果总是碰壁。（邓莉萍，2011）

四、情绪情感复杂，感性思维多于理性思维

（一）自卑感强而又渴求他人认同

高职教育属于专科层次，在学历上确实比本科低一个档次，所以与同是本科生的同龄人相比，他们会产生一种自卑感，总觉得自己低人一等，在别人面前抬不起头，这种消极的自我暗示使他们忽

视了自己的优点，不能综合和客观地评价自己，更不能正确地接纳自己和全面地欣赏自己，而且还盲目羡慕别人的优点，把自己和别人做一些没有任何意义的对比，还有部分学生的自我期望偏高，制定超出自己能力范围的目标，达不到这个目标就觉得自己很没用，从而产生一些消极的想法。在这种情况下，他们需要的是来自朋友的关心和问候，但是面对陌生的环境和陌生的面孔，一些高职院校学生性格内向，不会主动与人交往但又会渴望与他人有一种感情深厚的关系，渴望在团体中有自己的位置，正是这样的自卑心理和渴求得到他人认同之间的矛盾，使得他们在 SCL 90（症状自评量表 Self – reporting Inventory）测试中，突出表现为人际关系敏感。

（二）焦虑心理

进入高职院校后，学习内容的专业化、深度和难度比以前加大，学习方法也较中学有所不同，对学生提出了新的挑战。有的学生学习缺乏动力，对专业不感兴趣，学习效果不理想，从而引起心理上的困惑和焦虑。另外，就业压力大，高职生的弱势文凭导致就业难，性别歧视又会使高职女生就业难上加难。有的学生面对社会环境的复杂多变、严峻激烈的市场竞争，特别是即将毕业的学生在求职过程中处处碰壁的现实，使他们紧张不安、无所适从。长此下去，神经紧张、失眠、胸闷等焦虑并发症就会相继出现。在对高职院校学生进行心理健康状况测试中发现，有70%的学生存在不同程度的焦虑心理，有超过15%的学生表现为焦虑症。

（三）抑郁心理

抑郁是指大学生受到学习成绩不良或生活受挫、家庭出现重大变故等消极因素刺激后，心理无法承受而出现的不良情绪反应。通常表现为对活动兴趣显著减退，感到生活无意义，对前途悲观，遇事往坏处想，精神不振，自我评价下降，不愿主动与别人交往，严重的心理抑郁将产生自杀的念头。我国有学者报告，在自杀未遂的大学生中，有35%~79%被诊断为抑郁性心理问题，可见心理抑郁已经成为危害我国大学生心理健康的重要因素之一。（甘洁仪，2007）

（四）畏惧挫折的心理

成长在温馨家庭中的一些学生，从小就过着衣食无忧的生活。进入高职院校后，无人可以依靠，必须要独立面对一切。由于以前都是父母帮助做各种事情加上进入学校后大多数学生表现出懒散的毛病，使得他们早上睡懒觉，学习不主动，作业拖拉等，学习目标不明确，做事缺乏计划。而且在生活中总免不了遇到一些不如自己心意的事情，甚至比较大的挫折与失败会让他们无法承受。因此，当挫折真正降临的时候，他们表现出来的是深陷于苦恼之中不能自拔，更有甚者从此一蹶不振，对自己丧失信心，对未来不抱任何希望，从此自暴自弃，对自己放任自流。

（五）感性思维多于理性思维

相较于普通高校大学生，高职院校的大学生则更加感性。进入大学校园后，随着生活、学习生活的不断深入，他们在情感方面日渐成熟，主要表现为情感丰富、不拘小节等。随着年龄的增长，自身情绪的控制力也在不断地加强和提升。但是，理性思维能力仍然不成熟，主要表现在思考问题过于简单，视野不够开阔，尤其是思维不够敏锐；在看待社会热点问题、时事要闻时想法较为主观和片面，有些甚至比较激进；遇到突发状况或是需要作出重大决定的时候容易冲动、丧失理智。（崔晓琰，2014）

第二节　高职院校学生学习的心理与行为特点

作为高职院校教学服务的对象和培养的人和培养的对象，高职院校学生在学习过程中所呈现的状态和风貌，是影响高职教育效果的最主要因素，是进行高职教育教学改革的前提和基础。关注学习的主体，才能提高高职教育教学质量。与普通的本科院校学生相比，高职院校学生在学习过程中呈现出不同的特点，了解和把握这些特点，才能有效提高学生学习的主动性，使其获得与社会需求相一致的理论知识和实践技能，以适应现代社会发展的需要，培养出实用的人才。

一、高职院校学生的学习动机和情绪特点

（一）高职院校学生的学习动机特点

学习动机是直接引起、推动和维持学习活动，以达到一定学习目标的内部动因。它是制约学习积极性的重要心理因素。学习动机对学习活动具有导向、促进、调整和激活作用，保持适当强度的学习动机水平，有利于提高学习效果。高职教育与本科教育，虽然各有千秋，但如今人们更多还是想进入本科院校深造。尽管有部分同学就读高职的目的是为了学习一技之长，为今后谋得一个好的工作，但对于另外一部分同学来说，高职往往是分数不够的无奈选择。于是，高职学生的学习动机形成了鲜明的特点（杨晓宁，2009）。

1. 学习动机的实用性与求成避败性并存

高职院校学生动机的实用性表现在学生学习目的功利化倾向，学习目标的工具性特征，学习价值取向上的物质化趋向。心理学上认为，人的个性是先天遗传因素和后天环境因素相互作用的结果，后天环境因素主要指家庭、学校、社会环境和文化。的确，任何人的成长都深刻地留下了社会环境的烙印，不同的时代背景对一代人的成长轨迹也会产生不同的影响。现在高职学生大多是20世纪90年代出生的孩子，他们成长的时代既是我国经济快速发展、物质文化极大丰富的时代，也是人们观念和价值冲突频繁、传统与现代抗争激烈的时代，文化多元与信仰危机并存的时代。人们追求物质享受，以此作为成功的重要标志。因此学生将接受教育作为达到成功、谋求利益的手段。他们实用化、功利性的学习动机从某种程度上也能够看出高职学生较高的社会化意识。高职学生的这一学习动机特点反映了高职教育的实用性特点，同时也反应出社会环境对学生学习观、学习动力方面的影响力。

同时，高职院校学生的学习动机还有很强的求成避败特点。这一点，从学生对学习目标的选择、自我能力的评估上表现得比较突出。一方面，体现在学习上，喜欢简单的任务或目标，以确保顺利

完成，取得成功。高职院校学生学习动机的这一特点与他们渴望成功、渴望认同是紧密相关的，也与学生对自我学习能力的评估是一脉相承的，高职院校学生学习动机明显的求成避败特点其实是他们在学习过程中的一种自我价值保护的表现。自我价值指个体对自身重要性价值的主观感受，反映一个人对自己的接纳程度。由于成功人士容易取得社会的认可和赞扬，所以人们就意识到成功能够提升人的自尊，使人产生更高的自我价值感，而要获得成功就必须具备相当的能力。因此在能力、成功、自我价值感之间就形成了前因后果的联系：有能力的人容易成功，成功的经验又会提升他们自我价值感；失败则是缺乏能力的表现，会挫伤人的自尊，威胁自我价值感。因此，学生学习动机的一个重要方面便是维护自我价值感。当他们获得好成绩时，就能够增强其个人优越感，维护其积极正面的自我形象，提升自我价值。但是，现实教学中能够取得成功的是少数，总有人会失败。失败就会带来一些负面的情绪，影响个体对自己价值的认识。由于高职院校学生大多有前高职教育阶段的学习挫败感，所以，他们普遍会采取一系列的措施来求取成功，避免失败。同时，由于高职学生中学教育阶段的失利或失势，导致他们在自我学习能力评估上并不乐观，因此偏好简单任务，以期有足够把握取得好成绩就成为一种本能的选择。另一方面，高职院校学生学习动机上的求成避败特点还反映在学生在对待学习任务时，倾向于选择更有把握的目标，而非富有挑战性的任务，基本上处于一种守势状态。这在一定程度上也表明高职学生的求知欲、探索欲较低，以较少学习精力投入获得学习成绩过关是他们较为普遍的思想，这也是高职院校学生实用功利型学习观的又一体现。

2. 自我效能感上效能感与无能感并存

高职院校学生在学习上表现出自我效能感较低，但在与同类群体对比，又显示出较高的自我效能感，以上二者的并存体现了高职院校学生学习心理上的两重性。正如前文所说的，高职院校学生在思维认识上，自我意识正在觉醒，独立能力增强，有着强烈的好胜心、自尊心和自信心，看重自己，不容许他人轻视自己，对直面的批评存在抵触、排斥甚至厌恶的心理，对伤害、打击其自尊和自信心的言语、评价、训导反感心理尤其明显。由此可以看出，高职院校学生非常注重外界对他们的评价，且他们对自己的评价是积极的正面的，他们是肯定自我价值的一个群体，正如马丁·温顿所说，人天生具有自我价值保护的倾向，青年人尤其如此。这与他们独立的思维判断和鲜明的个性化特征是一脉相承的，因而他们的自我效能感较高。但同时，由于在目前现实境遇下，无论在就业待遇、就业能力，以及就业的范围和接受度上，高职院校的学生又受到各种学历门槛、经验门槛等制约和阻挡，与本科生相比，的确社会的认同度不高，而这些来自外部社会的评价又深刻影响着高职院校学生内心对自我的评价，加之我国教育制度对学生评价的单元性，许多高职院校学生被定义为二流学生，这种失败的学习创伤仍然影响着他们，致使其在学习上自我效能感不高。

3. 学习动机的多元、复合性特点

高职学校的学生队伍结构比较复杂，学生来源不同，学习基础也不尽一致。高职学生的学习动机大致可以分为以下四种类型（余友成，2000）：第一种是模糊不清型，这类学生没有明确的学习目的，不知道为什么学习，上学只是应付教师和家长，没有积极性，没有主动性，没有责任感和紧迫感，不考虑毕业后的计划，每天都浑浑噩噩，得过且过。第二种是混文凭型，这类学生的学习目的非常明确，就是得到一张大学文凭，以抬高身价，为择业或评定专业技术职称时所用，这类学生从进一开始就没打算下苦功夫学习，只想混取文凭，他们想方设法提高在考场的舞弊技巧，日常的学习对他们来讲是可有可无的。第三种是个人奋斗型，这类学生的学习是为了自己的前途，为了将来能有一份理想的工作，为了考取更高层次的学校，等等。这类学生有目标、有动力，学习比较刻苦用功，积极主动。第四种是理想抱负型，这类学生的学习主要是为了学习专业技能，在将来的工作岗位上用学以致用为社会主义现代化建设服务。这类学生学习目的明确，求知欲强，学习刻苦认真，积极主动，努力做到德智体全面发展。

学生队伍的复杂性特点决定了高职院校学生学习动机具有着多元、复合的特点。这种复合性包括两个方面：一是促使学生产生积极的学习行为，其背后的学习动机不是单一的；二是多种类型诸如成就动机、报答动机、获取奖励动机等动机的复合，而且这些动机在维持学习行为的不同阶段，其主次地位也是处于不断变化之中。换句话说，同一主体，促使其产生同一学习行为的动机是一个多成分、多类型的动机复合体。高职学生学习动机的这一特点是十分值得关注的，它反映了学习动机的复杂性和学习心理的复杂性，即任一具体的学习动机（诸如报答、获取奖励、自我价值实现等）都只是学生学习动机主流当中的一个支流，当主体在特定情景和学习的特定阶段，只是主流当中的某一支流可能较为饱满和汹涌，从而浮现在我们可观测研究的视野当中，但这绝不意味着其他支流的干涸或者不存在，这也正是心理学研究的难点，所观测到的并非实际发生作用的全部。因此，促使学生产生学习行为，其背后的学习动机是一个复合体，这对教育实践的意义十分重要，其现实启示就是激发学生的学习动机，必须从整体、系统的观点出发，整合和促进各具体的学习动机之间的联系及相互补给。当然，除上述之外，学习动机的复合性还反映在学习动机它是多个结构要素混合交错、相互影响、相互调节、共同作用的结果，亦即高职院校学生的学习动机是需要、外在诱因、认知因素、意志等多个变量的复合函数，其中任意要素的波动都会影响学习动机水平的变化。

4. 学习动机水平因人而异、因学习类型而异

高职学生的学习动机除了具有以上的共同性特点之外，还表现出了很大的差异性。首先，学习动机具有很强的个性特征。学习动机的个性化体现在高职学生在学习上注重自我发展，在对待学习结果上，看重个人内心体验。尽管在学习的价值取向上有明显的功利

化倾向，但这仍然不能阻止他们在学习时表现出的本体价值追求。由于高职院校的学生在思想上还未定型，心理发展水平比中学生成熟，但仍不稳定，拥有多变性和可塑性，追求自我，个性张扬，独立性强，这种个性特点在对待学习上，他们就有着自己独立的、个性化的对学习价值的判断，拥有自己独立和自我关于学习的专业前景、学习成绩与个人能力等的看法，这些都直接或间接地影响着学生的学习动机。

其次，学生的个性心理特征影响着学习动机的特点和表现。由于高职院校的学生在个性心理上，自我意识已趋于成熟，已经初步具备了对事物进行判断的能力，具有了对各种社会现象以及学习活动进行抽象分析，标准衡量和价值判断的能力，另外，高职学生是在市场经济和信息社会中成长起来的一代，他们接受的信息量大，想象丰富，思维灵活，接受新事物迅速，自我意识和自主精神强。高职学生的这些特点也促成了他们在对待学习上的独立思考能力，从而在学习动机上表现出鲜明的个性化特点。

最后，学生学习的类型影响着学习动机。高职学生在对待技能学习和知识学习上，由于对待二者的兴趣度、热衷性和积极性不同，从而表现出对待前者的学习动机显著高于后者的特点。高职院校学生事实上对自身有着理性的认识，他们知道自己的优势和劣势。前高职教育阶段的学习经历，使他们对自己学习知识的能力已有了惯性的认识，在知识习得上的劣势使他们更关注除此之外其他类型的习得。在心理学上认为，人总倾向于给予自身公正的评价，当在某一领域认可失败后，他会积极寻求其他领域的认可，最终要达成一种自我评价系统的平衡。在高职院校学生身上这一点非常突出，他们热衷于实践，对参加学校组织的各类顶岗实习、企业实践活动表现十分积极和活跃，对掌握专业技能技术的热衷度、兴趣性都很高。高职院校学生们普遍能清醒地认识接受高等职业教育，他们的比较优势就在动手能力、具体操作能力上，因而在思想上就十分重视自己技能的习得，也愿意在这新的学习领域检验自我的学习能力。从而反映在学习动机水平上由于学习类型的差异而不同的特点。

(二) 高职学生的学业情绪特点

德国教育心理学家 Pekrun 等在 2002 年提出"学业情绪"这一概念，概念中的"学业"，指学生与学习能力、学习行为相关的学习活动和学习成绩。而"学业情绪"则指在教学或学习过程中，与学生的学业相关的各种情绪体验；如焦虑、厌倦、无助、高兴、自豪等，都属于学业情绪。学业情绪不仅仅是学生在获悉学业成功或失败后所体验到的各种情绪，也是学生在课堂学习中的情绪体验，在做作业过程中或是在考试期间的情绪体验等。学业情绪作为与教学和学习过程密切相关的非智力因素，在学生成长与发展中发挥着重要作用。高职院校学生在学习中情绪表现出现出不同的特点（马保仙、王秀兰，2010）。

1. 学习效率低下的困顿导致对学业缺乏信心

高职学生的起点普遍较低，由于知识储备的相对不足，未养成良好学习习惯，许多高职院校学生在学习上遇到困难就感觉烦躁。到专业课学习阶段，有相当一部分学生甚至出现畏惧情绪，不会也不愿意深入学习，无法享受到解决学习难题后的快乐；相反，过多地体会到的是学习成绩不佳，学习效率低下的困顿。面对学习上的困难和未来就业的压力，不少学生感觉到迷茫和丧失信心，在思想情绪上出现消极、浮躁、焦虑、忧郁、自我否定等状态，这些不良情绪，直接影响学生的学习行为和学习进程。同时，大多数高职院校学生对考入本科院校同学的羡慕，和自己失利的隐形恼怒，使得他们对自己进入高职院校有自卑心理，当教师鼓励他们认真学习，依然有希望可以升入本科院校继续学习实现自己的理想时，多数学生因学习上的困难及就业压力，困顿的同时开始表现出自信心的缺乏，认为自己既然如此，进一步的努力前景依然有限。

2. 主观臆断学习内容，缺乏学习热情

高职学生学习基础相对薄弱，分析问题能力、思维和提炼能力也相对不足。多数学生虽有学习的意愿，但同时又普遍存在心态浮躁，缺乏学习热情，学习方法不当等。相当数量的高职学生在学习中喜欢从主观上判断学习内容的价值。对教师讲授的内容认为没有用或者没有兴趣时，就不用心听课。学习中不擅长深入思考理解，喜欢带有趣的问题，躲避需要深入分析的问题，偏好实践实训内容和知识的学习。对理论学习缺乏学习热情和兴趣，表现出形象思维能力强，抽象思维水平不足的特点。

3. 学习学业情绪在各方面体现出差异性

（1）高职院校学生学业情绪的阶段性差异

新生刚入学时，学业情绪多倾向于自卑失落。这有几方面的原因：一是有的学生高考发挥失常或志愿填报不当等原因，没考上理想的大学，表现出后悔与自责。二是有的学生成绩并不好，能上专科院校已经很满足，在满心欢喜地入学后，发现高职院校根本不是他们所梦想的那样，便表现出失落。三是最重要的一点，与进入一般本科院校的同学比，高职院校学生深感自己不如别人，产生自卑心理。一段时间过后，他们渐渐开始适应这样的大学生活，因为他们远离了高中那样压抑的学习环境，再加上校园里常常举办的各类有趣的学生活动，课程也主要是公修课和专业基础课，学习内容上比较简单轻松，所以在大一阶段，学生的情绪主要还是比较的轻松愉快。到了大二，专业课程开始变多，各种职业证书考试也随之而来，学生也因为准备考试而忙碌起来，其学业情绪开始变得紧张焦虑，常为自己是否能通过考试而愁。能通过一个又一个考试的学生自信心大增，对未来充满希望和期待；而常常通不过考试的学生变得无助，开始怀疑自己的能力，对前途感到无比的迷茫。大三就要毕业了，真正能待在学校时间并不多。是继续专升本还是去实习找工作，这些问题开始困扰他们，需要他们自己做出抉择。因此，大三学生表现出对未来的迷惑、焦急忧虑，压力很大（彭晓春，2010）。

（2）高职院校学生学业情绪的性别差异

总的来说，高职男生学习成绩不如女生，女生相对于男生来说更加刻苦努力、守纪律。但男生的学业情绪却比女生更积极正面。男生表现得较为沉稳、包容、看得开，他们的学习成绩可能不如女生好，但他们不那么在乎学习和考试成绩，他们更注重向外发展，寻找更多的出路，当把握了前进方向，便更坚定地往前走。女生的负面情绪较多，她们爱抱怨校园宿舍条件差、教师同学不好、室友有坏毛病。可能是因为女生适应能力较弱，还不习惯从自身去找原因；但若真的从自己身上找原因，又容易走极端。另外，在学习和考试上比男生显得更为焦虑，这不仅与女生的思维方式有关，也与当今的社会认知有关。女生总认为，她们的出路不如男生广，若再比男生差，就更没有前途了。

(3) 高职院校学生学业情绪的生源差异

多数农村生比较学习认真刻苦，成绩也比城市生更为优秀，但农村学生见的世面比较狭窄，性格也不如城市生活泼开朗，思维方式较为刻板，加上农村生活条件不如城市优越，小时候几乎没有学习过兴趣特长。所以农村学生的学业情绪总的来说是偏向于苦恼自卑的，他们多把精力放在学习上，较少将经历用在交朋友上。但也有农村学生为了摆脱自己的农村形象，一心追求城市的生活，渐渐变得浮躁，无法安心学习。城市学生则情绪较为平稳，但也有一些单纯想混文凭，成天浑浑噩噩的学生。

二、高职院校学生学习认知和策略特点

（一）高职院校学生学习认知特点

1. 高职院校学生认知结构已具雏形，能自觉进行自我认知结构的构建与更新

高职院校学生在学习中，已经积累了很多知识和经验。当问题摆在他们面前时，他们会根据以往的经验和认知内容，依靠认知进行推理和判断，再对问题做出某种解释，并能把新知识和新技能自觉地融入本身已有的认知结构中，进行自我认知结构的构建和更新（朱理鸿、朱焕桃，2009）。

2. 高职院校学生认知发展进入新阶段，对自我认知活动的监控和调节能力有待提高

高职院校学生对自己或他人的认知活动、过程、结果以及认知体验或情感体验有较清楚的认识，但是对自我认知活动的监控和调节能力较差。也就是说，他们能较清楚地意识到自己的兴趣、爱好和思维特点，以及与他人相比的优势与短处，但对认知活动的监控和调节能力明显不足，不知道如何依据学习材料的不同性质对自己提出不同的学习要求，不了解知识应用的具体条件与情境，对学习中的薄弱环节、作业与考试中的错误等缺乏补救意识，很少反省自己的问题并有针对性地进行补缺，使问题越来越多。

3. 高职院校学生的认知主体性意识开始增强

高职院校学生进入大学以后，没有了升学压力，自由时间变得多起来，便开始思考和深入探索自我，在各个方面都表现出独立性倾向，对教师的依赖性明显减弱，具有较强的责任感和求知欲，能够积极主动地探索自己感兴趣的事物，并能全面地分析问题，易于接受新知识，敢于提出自己的独到见解。

4. 高职院校学生的认知对象偏向于可视事物，注重情绪背景

大部分高职院校学生不愿意进行纯理论的抽象思维，而偏重于对可视事物所进行的动手实践与操作训练。特别是在认知过程中，如能创设一定的认知情绪背景的话，则更能引起他们的认知兴趣，以更积极的态度参与到认知活动中来。

（二）高职院校学生学习策略特点

学习方法也叫学习策略，指的是学习者为了达到自己既定的学习效果和效率，有目的、有意识地制定的一套有关学习过程的复杂方案。通常学习策略具有主动性、有效性、过程性、程序性的特征。

1. 学习策略基本属于认知策略的阶段

学习策略可以分为认知策略和元认知策略，认知策略是指个体在学习过程中直接采用的策略，如重复记忆、分组记记方法等，而

元认知策略是学生对自己认知过程所采取的策略，其主要包括了对自己认知过程的了解和控制的策略，如学习后对自己学习方法的整理和反思等，分析自己所用方法的有效性。认知策略是加工信息的一种方法和技术，它有助于高职学生在学习过程之中可以有效地从记忆中提取信息。在学习中应通过对知识的反复复述、加工和再次组织，达到记忆学习的成果。但在学习之后，很少有高职学生可以做到元认知以及资源管理的地步，而研究表明，采用元认知策略有助于高职学生有效地安排和调节学习过程。目前我国高职学生对待学习的热情不足，很少有人可以静下心来研究自己所学。而元认知的学习策略以及资源管理学习策略则要求高职学生在学习之后对于自己所学的知识进行进一步的重新组合，并且得到新的知识。我国的高职院校学生要做到这点还比较困难。事实上，我国的高职院校学生在认知策略上就做得并不到位，许多高职院校学生并不认真专注于学习。因此，很少有高职院校学生可以达到元认知学习策略的阶段，需要我们在学风建设中加强对元认知策略的培训（王月霞，2012）。

2. 学习策略缺少系统规划

在学习过程中，高职院校学生多是被动地接受教师所讲，只有考试的压力才是学习的动力。对于自身的规划及整体的学习方法还没有清晰的认识，无法制定出一个系统规划的学习策略。

3. 学习策略倾向直观性

高职院校学生学习基础相对薄弱，分析能力、思维能力、信息提取能力也相对不足，相当一部分学生形象思维能力强，抽象思维水平较弱，对理论性知识缺乏学习热情和兴趣。但是他们记忆力好，模仿能力强，擅长动手进行操作，不擅长死记理论知识，更愿意用眼看、动手做，学习策略倾向直观性和可操作性。（储争流，2010）

三、高职院校学生学习行为特点

（一）高职院校学生学习行为的一般特点

学习行为是指学习过程中，学习者通过各种感觉和知觉器官，向大脑皮层输入信息，然后把经过处理的信息传输出去，以指导学习者自身的学习活动。学生的学习行为主要包括课前准备、课堂上的听课情况、考试方面的行为表现等。

1. 学习行为呈现依从性

高职院校学生没有较好的学习方法，学习时也缺乏自觉性和主动性，很多学生没有明确的学习目标，不能根据专业要求有主动地安排适合自己的学习内容和方法，拓展自己的相关技能。尽管许多学生常说自己有学习的需求，但要学些什么，该如何去学却总是依赖教师，把学习仅局限于课堂之上，把教师课上传授的知识作为自己要学习的全部内容，很少有学生对自己的专业知识进行更深入的思考和探究，学习中也常常需要教师的督促（储争流，2010）。

2. 高职院校学生学习行为受着家庭的影响

家庭是每个人最初接触的环境，最初的价值观，最初的学习行为和学习习惯也在家庭的影响下养成的。优良的教育环境，可以更好地使学生形成适合自己的学习行为习惯，对自己以后的学习发展也会起到很好的促进作用。

3. 高职院校学生的学习行为受着来自多方面的压力

高职院校学生对自己的岗位要求过高，导致社会上就业形式压力过大，由此可以看出，现在的高职院校学生对自己有很高的期望，对岗位也有很高的要求，且目前我国的劳动力市场供求双方都有很大的需求量，但是达不到一个良好的均衡点。为了使自己将来在寻找工作的战场上打一场胜仗，使得高职院校学生不得不承受着多方的压力。

4. 高职院校学生的学习行为呈现消极状态

许多高职院校学生的职业目标不明确，这使得高职院校学生用散漫的态度去面对自己的学业，以应付的姿态去学习，在课下的学习也缺乏积极性，仅仅是为了不挂科而学习。没有持之以恒的动力让他们坚持刻苦学习，使得高职院校学生在学习行为上呈现出消极的状态。

（二）高职院校学生自主学习特点

什么是自主学习？为什么要自主学习？这些自主学习研究中的一些基本理论性的问题，研究者们从不同的侧面进行了探讨。Holec（1981）认为，自主学习是学习者对自己学习负责的能力，是学习者确定学习目标、识别学习内容和进程、选择学习方法和策略、监督学习进程的自主决定的过程。Little（1997：94）对"学习者自主"的解释是当人们面对一项任务时，能够做到三点：①独立完成；②能够将所学的知识和技能用到所需的场合；③能够考虑到特殊情况的特殊需要而灵活地完成任务。（冯丽沙，2012）我国高职院校学生自主学习上的整体水平不高，对课堂学习的兴趣不浓、主动性不强，许多高职院校学生已经不是单纯的缺乏主动学习的动力，而是对学习感到厌倦和消极。

1. 高职院校教育模式不适合大学生自主学习

现在很多高职院校一般采用讲授式教程，使得学生跟随教师被动思维，无法发挥自身主动学习的权利，不利于发展高职院校学生的自主学习。而课程内容和管理方式也是大学生自主学习的重要前提，为了顾及大多数学习者的需求，现在课程内容限制了学生的自主学习，再加上学校的管理方式比较较为单一，缺乏现代新型教育技术的指导，不适合大学生的自主学习。

2. 家庭教育影响高职院校学生自主学习

影响高职院校学生自主学习的另一关键是家庭教育，很多大学生被家长过于溺爱，使得孩子缺乏自立能力，导致现代很多学生处处充满依赖性，缺乏自主学习能力。

3. 高职院校学生自主学习目标不明，未能做好自主学习的准备

自主学习的本质上是使主体能够自主选择和控制自身的思维和

行为，即主动调节自己的学习过程。而在调节学习的过程中要合理地选择具有引导作用的参照，与之前自身的行为状态进行比较，让自己的行为得到改善。因此，只有设定了学习目标和方向才能不断地改变自身的学习效果和策略，而学生自身便是参照物，但是现在的高职生依然习惯于传统的教学模式，不懂得合理有效地支配自己的时间，依然保持着机械化的学习思路和学习方式，导致自己不能做好自主学习的准备。

4. 高职院校学生意志力薄弱，阻碍其自主学习

高职院校学生自主学习过程中的又一阻碍因素是意志力薄弱。随着信息时代的到来，网络环境虽然给高职学生创造了合适的开放的自主学习环境，但也成为高职学生自主学习的一道屏障，使他们逃避学习，沉迷在网络世界里，某种程度上来说，也是网络阻碍了高职院校学生的自主学习。

第四章　首都高职院校学风现状调研

　　为了了解最新且最真实的高职院校学风建设现状，本课题组从京内和京外 17 所高职院校抽取 2100 名学生进行问卷调查。在被试抽样过程中，为了确保抽样的科学性和样本的代表性，我们在选择学校时综合考虑了地域差异、学校级别、办学性质、行业依托、办学部门、有无专升本等多方面的因素。考虑到地域的差异，选择京内高校 15 所（北京青年政治学院、首经贸密云分校、北工大通州分校、北京工业职业学院、北京经贸职业学院、北京农业职业学院、北京财贸职业学院、北京经济管理职业学院、北京电子科技职业学院、北京信息职业技术学院、北京联合大学、中华女子学院、北京劳动保障职业学院、北京政法职业学院、北京城市学院），京外高校 2 所（广东行政职业学院、承德石油高等专科学校）；考虑到学校级别的差异，分别从国家示范校、国家骨干校、北京市示范校和一般院校中进行抽样；考虑到办学性质的差异，分别从公办和民办院校中进行抽样；考虑到行业依托的差异，分别从依托于各部委的院校和无依托的普通教委管辖院校中进行抽样；考虑到办学部门的差异，分别从市属高校和区办高校中进行抽样；考虑到有无专升本差异，分别从普通高职和带有高职计划的本科院校中进行抽样。在每个院校内部的被试抽样中，我们又考虑到专业、年级和性别的差异，根据专业性质，选择技术主导型和能力主导型专业各一个，从每个专业三个年级的学生各选 20 人，共计 120 人参加问卷调查，同时平衡性别比例，协调重点专业、特色专业与普通专业。

课题组共发放调查问卷 2100 份,回收有效问卷 2050 份,回收率高达 98%。这对本课题研究结论将起到有力的支撑与证明作用。下面将结合问卷调查情况对首都高职院校教风与学风、学生管理对学风的影响及本科院校与高职院校学风对比等三个方面进行系统的讨论和分析,期望对高职院校的学风建设能起到一定的指导和参考作用。

第一节 高职院校教风与学风

人们常说的"教学相长""严师出高徒"等俗语已经在一定程度上说明了学风和教风是有很大关系的。良好的教风会促进良好学风的形成,反之,若某校学风很差,那也能从某些侧面反映该校的教风可能存在一些问题。教风与学风的相互影响、相互作用是不容忽视的。

对于上课时,学生通常会出现的状况进行调查发现,"认真听课"的学生仅占到 2035 份有效选项的 43.2%,竟然未达到参与调查学生总数的一半。选择"睡觉、玩手机或者聊天"的学生占到24.1%,选该选项的学生人数仅次于选"认真听课"学生的人数,由此可见学生的上课效果并不理想。这不得不迫使我们认真思考学生"非认真听课"背后的原因,为什么要自己看书?为何睡觉或上网?为何看与本课程无关的书或做无关的作业?为何走神去想其他的事情?排除学生自身原因之后,我们必须对课程的吸引力或者任课教师的授课水平进行考虑。

表 4-1

Statistics			
A11 上课时,你通常会出现的状况是:			
N		Valid	2035
		Missing	15

表 4-2

A11 上课时，你通常会出现的状况是：

		Frequency	Percent	Valid Percent	Cumulative Percent
Valid	认真听课	880	42.9	43.2	43.2
	自己看专业书	401	19.6	19.7	62.9
	睡觉、玩手机或者聊天	491	24.0	24.1	87.1
	上网玩	56	2.7	2.8	89.8
	做其他课程作业	22	1.1	1.1	90.9
	看与本课程无关的书	48	2.3	2.4	93.3
	脑子里在想其他事情	137	6.7	6.7	100.0
	Total	2035	99.3	100.0	
Missing	System	15	0.7		
	Total	2050	100.0		

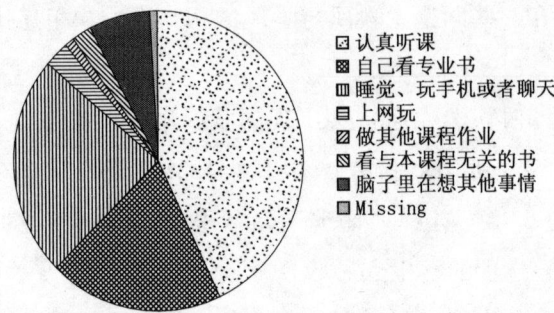

图 4-1　A11 上课时，你通常会出现的状况是：

对于学生希望什么样的教师上课时，在 2050 份有效问卷中，除了 17 人未做出选择外，其余的 2033 名学生中，选择希望"有水平、能讲明白、关心学生的教师"给上课的占到 72.9%，"考试不难为学生的教师"的排在其次占 13.0%，而选择"敢于严格要求的教师"的仅占到 8.6%。由此可见，学生更关心教师的水平、能力以及是否关心学生，而且喜欢能让其顺利通过考试的教师，而非严格要求的教师，学生更关心是否能顺利通过考试并最终在毕业时拿到毕业证。

表4-3

Statistics		
A31 你希望什么样的教师给你上课?		
N	Valid	2033
	Missing	17

表4-4

A31 你希望什么样的教师给你上课?

		Frequency	Percent	Valid Percent	Cumulative Percent
Valid	有水平、能讲明白、关心学生的教师	1483	72.3	72.9	72.9
	考试不难为学生的教师	265	12.9	13.0	86.0
	敢于严格要求的教师	174	8.5	8.6	94.5
	没有特殊要求	111	5.4	5.5	100.0
	Total	2033	99.2	100.0	
Missing	System	17	0.8		
Total		2050	100.0		

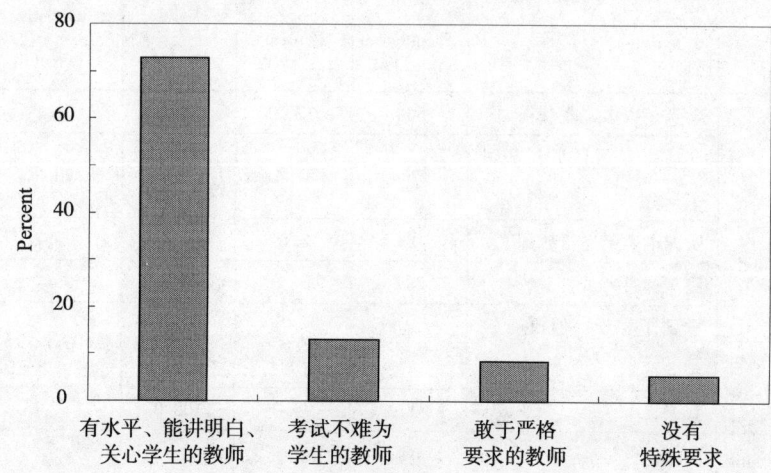

图4-2 你希望什么样的教师给你上课?

下表和图所示结果是对"在多数情况下，结束了一门课程的学习，你的感觉是什么？"这个问题的调查情况，选择"完成了学习任务，拿到了学分"的学生占到37.8%，其次为"学到了很多，收获很大"占32.5%，其他三个选项"听课内容又还给教师了""终于通过考试了"和"学到了知识，但没有学到方法"学生共约占30%。和上题的统计结果一致，学生关注最多的是通过考试，拿学分以能顺利毕业。仅三分之一的学生表示收获很多，这也许在一定程度上反映了教师的授课没能很好地满足学生的需求，也许是方法、也许是内容、也许是态度……这应该引起学校和教师们的注意并深入地分析产生此种情况的原因，以求取得更好的、让学生满意的教学效果。

表4-5

Statistics		
A35 在多数情况下，结束了一门课程的学习，你的感觉是?		
N	Valid	2029
	Missing	21

表4-6

A35 在多数情况下，结束了一门课程的学习，你的感觉是?

		Frequency	Percent	Valid Percent	Cumulative Percent
Valid	学到了很多，收获很大	660	32.2	32.5	32.5
	完成了学习任务，拿到了学分	766	37.4	37.8	70.3
	听课内容又还给教师了	181	8.8	8.9	79.2
	终于通过考试了	289	14.1	14.2	93.4
	学到了知识，但没有学到方法	133	6.5	6.6	100.0
	Total	2029	99.0	100.0	
Missing	System	21	1.0		
Total		2050	100.0		

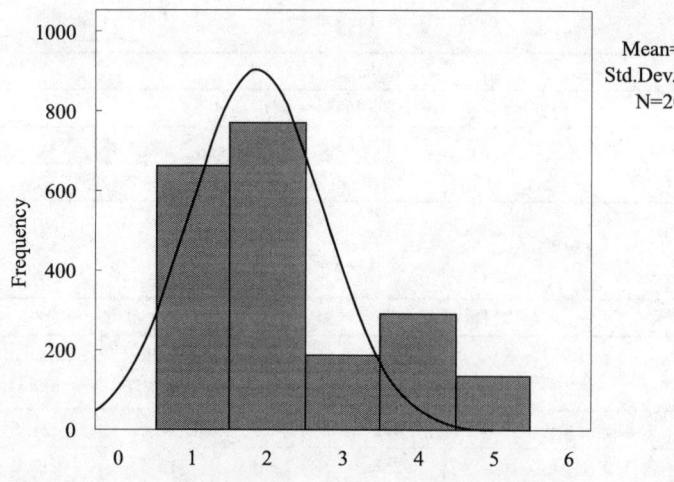

图4-3 A35 在多数情况下,结束了一门课程的学习,你的感觉是?

接着对"你目前学习中遇到的最大困难是什么?"进行调查时,在2027个有效选项中仅有2.7%的学生选择了"学校教学水平差",其余皆是从自身找原因,包括基础差、不善于交流、心理负担重、自我控制能力差、没有兴趣、学的不系统及学习方法不当等。其中"个人基础较差"和"自我控制能力较差,难以形成良好习惯"两项就超过了50%的比例,此外认为自己"学习不够系统"的也占到了一定的比例。虽然此题没有得到教师教学水平差的结果,但作为教师除了认真完成教学内容外,是否应该从其他方面加强对学生的教育呢?如多与学生交流,了解学生实际学习情况以制定适应大多数学生基础的教学方案;另外,应加强课堂管理,把控整个课堂,使学生形成良好的学习习惯从而取得较好的学习效果;当然,作为教师应该注重讲授的内容,但可以采取灵活多样的授课方式,寓教于乐,既能完成教学任务,又能提高学生的学习兴趣并潜移默化地影响学生的学习方法。这与上一题达到相辅相成的效果,如果学生和教师通力合作,学生的成就感和知识习得将会提高。

表 4-7

Statistics		
A36 你目前学习中遇到的最大困难是什么？		
N	Valid	2027
	Missing	23

表 4-8

A36 你目前学习中遇到的最大困难是什么？

		Frequency	Percent	Valid Percent	Cumulative Percent
Valid	个人基础较差	498	24.3	24.6	24.6
	不善于交流	253	12.3	12.5	37.0
	心理负担沉重	214	10.4	10.6	47.6
	自我控制能力较差，难以形成良好习惯	574	28.0	28.3	75.9
	学校教学水平差	55	2.7	2.7	78.6
	没有兴趣	106	5.2	5.2	83.9
	学习不够系统	274	13.4	13.5	97.4
	学习方法不当	53	2.6	2.6	100.0
	Total	2027	98.9	100.0	
Missing	System	23	1.1		
Total		2050	100.0		

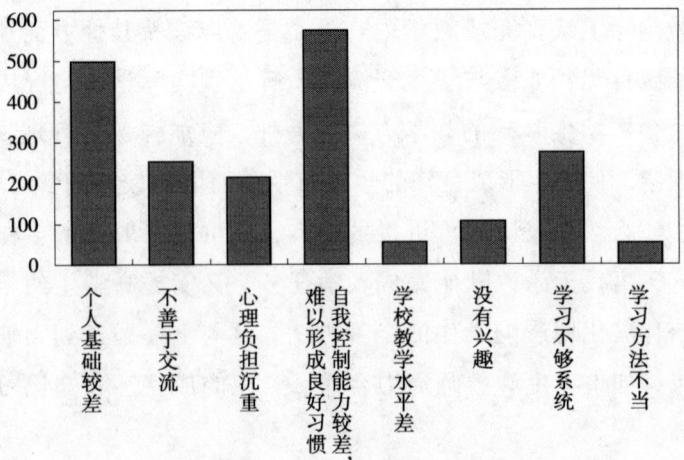

图 4-4　A36 你目前学习中遇到的最大困难是什么？

"在学习过程中你最需要的是什么"的调查结果一目了然，竟达56.5%的学生认为需要加强学习的自觉性。这说明大多数学生缺乏学习自主性、学习积极性不高，这其实也是目前各层次的高校皆存在的较普遍的一个问题，社会价值观扭曲、不良风气肆虐、拜金主义横行导致学生丧失进取心、轻视学业。如此种种对任课教师不能不说是一种极大的挑战，俗话说"兴趣是最好的教师"，对待这么多对学习缺乏兴趣的学生，教师们该怎么办呢？这个问题绝不容小觑，否则未来的教育会走向何方将更难预见。

表 4-9

Statistics		
A37 在学习过程中你最需要的是？		
N	Valid	2030
	Missing	20

表 4-10

A37 在学习过程中你最需要的是？					
		Frequency	Percent	Valid Percent	Cumulative Percent
Valid	加强学习的自觉性	1146	55.9	56.5	56.5
	同学帮助	175	8.5	8.6	65.1
	得到教师的帮助、认可和鼓励	292	14.2	14.4	79.5
	得到家长的认可鼓励	87	4.2	4.3	83.7
	良好的学习氛围	190	9.3	9.4	93.1
	答疑解惑	49	2.4	2.4	95.5
	考出好的成绩，让成绩证实一切	72	3.5	3.5	99.1
	其他	19	0.9	0.9	100.0
	Total	2030	99.0	100.0	
Missing	System	20	1.0		
Total		2050	100.0		

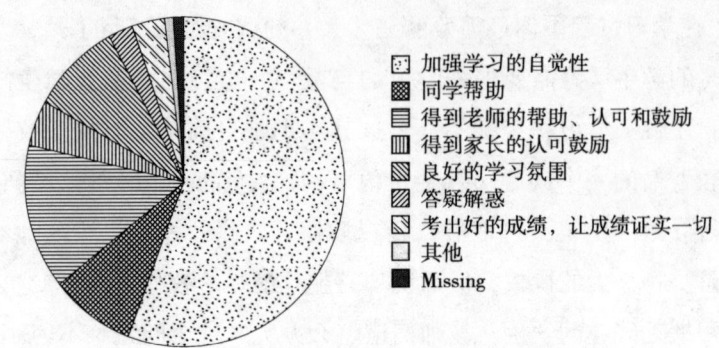

图 4-5　A37 在学习过程中你最需要的是？

第二节　学生管理对学风的影响

　　学风除了受校风、教风的影响外，在很大程度上也受学生管理工作的影响。学生管理工作以学生德育教育为核心，同时兼顾学生的管理和服务于一体，在培养学生良好品行的同时为学生的成长成才创造充分条件。学生管理工作是学风建设的具体实施手段和重要保证。要实现良好学风应该采取一些现实的手段，如宣传教育、制度建设、奖勤罚懒等，而这些正是学生管理工作的具体做法。因此，通过学生管理工作来促进学风建设是一条可以深入探索的有效路径。

　　在对"你觉得学生工作人员（如系党总支（副）书记、辅导员、班主任等）对推进学风建设的作用怎样？"进行调查时，我们从 1966 份有效问卷中发现 37.6% 的学生工作者（包括党总支书记、辅导员、班主任等）经常开展班会、学生干部会、进宿舍巡视、督促和帮助学生学习等日常学生工作；另有 31.8% 的学生工作者一两个月开展一次学生工作；其余 30% 只是偶尔开展学生工作，甚至不与学生见面。此结果并所体现出学生工作者在学生管理工作中投入与学生工作的重要性是存在一定矛盾的，当前大学生——尤其是高职院校的学生——的学习态度和学习自觉性已达到历史最低点，亟须学生工作者常抓不懈。

表 4-11

Statistics

A27 你觉得学生工作人员（如系党总支（副）书记、辅导员、班主任等）对推进学风建设的作用怎样？

N	Valid	1966
	Missing	84

表 4-12

A27 你觉得学生工作人员（如系党总支（副）书记、辅导员、班主任等）对推进学风建设的作用怎样？

		Frequency	Percent	Valid Percent	Cumulative Percent
Valid	经常开班会，学生干部会、进宿舍巡视，督促和帮助学生学习等	739	36.0	37.6	37.6
	一二个月开一次班会、学生干部会，有时去宿舍转转，督促和帮助？	625	30.5	31.8	69.4
	很少去宿舍，也很少参加我们的班级活动	243	11.9	12.4	81.7
	平时接触不多，没有看到发挥应有的作用	359	17.5	18.3	100.0
	Total	1966	95.9	100.0	
Missing	System	84	4.1		
Total		2050	100.0		

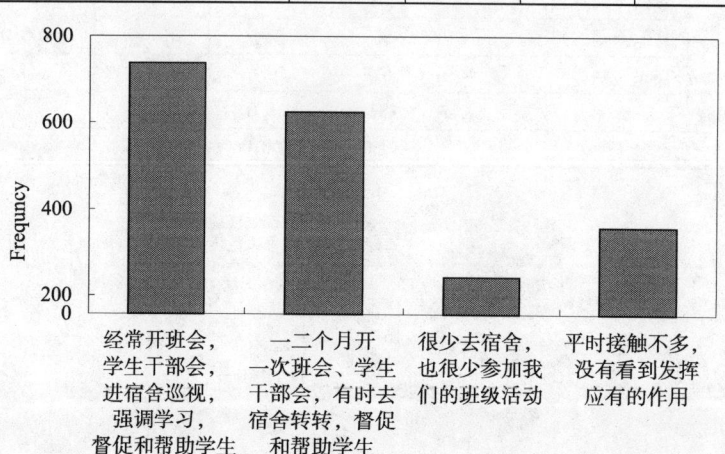

图 4-6　A27 你觉得学生工作人员（如系党总支（副）书记、辅导员、班主任等）对推进学风建议的作用怎样？

在对"你认为学校的考风如何?"调查时,有 25.3% 的学生明确表示考风不好,这其中有 40% 的学生是抱有侥幸心理的。这说明学生并未意识到考试作弊的危害及对自己和他人的不良影响。学生工作者在日常工作中应加强这方面的宣传教育,使学生树立正确的备考意识,以自己的真才实学来应对各种考试。思想意识的教育能从根本上扭转学生的考试态度,如果能深入学生内心是强于强硬无情的纪律约束。

表 4-13

Statistics		
A20.2.1 如果认为不好,那么你认为考风不好的主要原因是什么? ——第一项:		
N	Valid	1619
	Missing	431

表 4-14

A20.2.1 如果认为不好,那么你认为考风不好的主要原因是什么? ——第一项:

		Frequency	Percent	Valid Percent	Cumulative Percent
Valid	校纪校规不严	260	12.7	16.1	16.1
	考风宣传教育不够	221	10.8	13.7	29.7
	监考教师要求不严	233	11.4	14.4	44.1
	学生抱有侥幸心理	650	31.7	40.1	84.2
	巡考不力	48	2.3	3.0	87.2
	考试方式不当	157	7.7	9.7	96.9
	其他	50	2.4	3.1	100.0
	Total	1619	79.0	100.0	
Missing	System	431	21.0		
Total		2050	100.0		

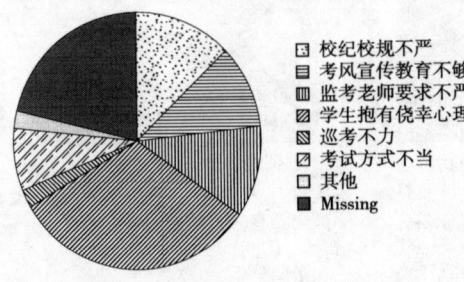

图 4-7 A20.2.1 如果认为不好,那么你认为考风不好的主要原因是什么? ——第一项:

对"学校规章制度的评价"与"学校目前的整体学习风气的评价"进行交叉统计,发现学校规章制度的宽松程度与学校整体学习风气基本成正比,若学生选择学校的规章制度"比较严""比较恰当,宽严合适"或者"比较严"的,大多数都选择整体学习风气"很好"或"一般"。因此,笔者认为各学校应在当前群众路线的开展过程中,更好地征求教师及学生的意见,制定契合实际的规章制度,以此更好地规范师生行为,从而促进学校的整体学风建设。

表 4-15

Case Processing Summary

	Cases					
	Valid		Missing		Total	
	N	Percent	N	Percent	N	Percent
A21 请你评价一下学校的规章制度? A22 你认为学校目前的整体学习风气如何?	2022	98.6%	28	1.4%	2050	100.0%

表 4-16

A21 请你评价一下学校的规章制度? A22 你认为学校目前的整体学习风气如何? Crosstabulation

		A22 你认为学校目前的整体学习风气如何?				Total
		很好	一般	较差	很差	
A21 请你评价一下学校的规章制度	非常严	227	163	43	19	452
	比较严	248	519	92	25	884
	有些松	35	117	52	31	235
	太松了	11	21	23	14	69
	比较恰当,宽严合适	99	221	28	6	354
	严格按规章制度办事尚待加强	5	15	4	4	28
Total		625	1056	242	99	2022

"你认为学校提供的就业指导对学习积极性的促进作用大吗?"的调查结果如下表和图所示。从中可以看出,认为能起到很明显促进作用的占到42.3%,而认为效果一般或没什么作用的学生超过50%。这不得不引起就业指导部门和相关工作者的深思,应该重新考虑如何利用就业指导机会,采取丰富多彩、学生易于接受的方式

进行指导,以更好地引导学生进行专业课的学习,提高学习积极性。学生在明确将来的就业方向和就业领域后将会有更明确的努力方向,能更好地结合个人兴趣点进行学习,而在整体上能起到促进学校良好学风形成的作用。

表 4-17

Statistics

A38 你认为学校提供的就业指导对学习积极性的促进作用大吗?

N	Valid	2032
	Missing	18

表 4-18

A38 你认为学校提供的就业指导对学习积极性的促进作用大吗?

		Frequency	Percent	Valid Percent	Cumulative Percent
Valid	很好,能够帮助我们明确现状和目标,促进学习	860	42.0	42.3	42.3
	效果一般,对学习积极性促进作用不大	722	35.2	35.5	77.9
	根本没什么效果	171	8.3	8.4	86.3
	没参加就业指导,不知道作用如何	261	12.7	12.8	99.1
	其他	18	0.9	0.9	100.0
	Total	2032	99.1	100.0	
Missing	System	18	0.9		
Total		2050	100.0		

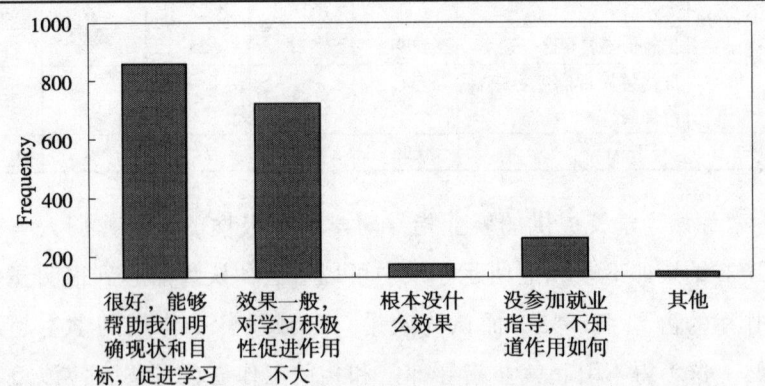

图 4-8 A38 你认为学校提供的就业指导对学习积极性的促进作用大吗?

第三节　大学生学风存在的主要问题与原因分析

提出问题和分析问题是正确解决问题的前提。通过对当代大学生学风问题的问卷调查，客观而明显地表明当代大学生学风的现实情况不令人满意。要建设优良的大学生学风，就必须尽快地科学解决当前存在的各种问题。那么，当代大学生学风究竟存在哪些本质问题，造成这些问题的主要原因是什么，本章将对此进行分析。

一、主要问题

从调查得到的数据来看，应该说，大学生学风的一些状况不容乐观，与学风的高要求还有一定的差距，存在不少问题，笔者总结了以下几个方面：

（一）奋斗目标不明

中学阶段，学生的唯一奋斗目标是考上好大学，而考上大学后的奋斗目标是什么，许多大学生心中没有明确的答案。面对大学的自由，许多学生感到无所适从，显得很茫然。部分大学生缺乏长远的眼光，在学习上不思进取，完全是为了应付考试"过关"，放松对自己的要求，缺乏力争上游和非学好不可的决心。一些学生把时间耗费在游戏、兼职、休闲娱乐等以前很少接触的活动中，对学习失去兴趣。

（二）自控能力较差

许多大学生没有把学习摆在第一位，投入学习的时间和精力不足，学生迟到、早退、旷课等不良现象比较普遍，上晚自习的学生也相对较少。部分学生在学习、生活中缺乏自觉性，有些学生是因为想休息或者娱乐而不去上课，即使学生到了课堂上也会出现不认真记笔记，不积极回答教师提问等不良情况，上课心不在焉，导致课后不能独立完成教师布置的作业，存在作业抄袭的行为。

（三）专业意识淡薄

部分学生对自己所学的专业不感兴趣，过分强调自我意识和个人爱好，不能及时调整学习状态，存在厌学情绪，这种消极情绪会给身边的同学带来不良的影响。学生对自己所学专业不感兴趣的话，会影响他们对本专业知识的实际掌握的情况。还有的学生为了考上自己心仪专业的研究生，不惜当"逃学大王"，放弃掉本专业的学习，把更多的时间和精力放在别的专业上。

（四）学习效率低下

部分学生没有摸索出适合自己的有效学习方法，无法通过正确的途径解决学习中遇到的问题，难以形成良好的学习习惯。学习方法不正确会严重影响学生的学习效率。例如，有的学生对课程没有进行针对性的复习和预习，以至于学习跟不上教师的进度，课程基础没有打牢，不懂的问题越积越多，造成后续课程的学习越来越困难，出现恶性循环，最终失去学习兴趣。

（五）自主学习不足

学生在高中以前的学习大多是依赖教师和家长的督促，而大学教育不再像以前那样，自主学习成为大学阶段的主要学习方式，大学里的上课、自习等活动主要依靠自觉。大学的课外空闲时间较多，有些学生不适应这种相对宽松的学习模式，不能合理地支配自己的课余时间，较少到图书馆去借阅资料和上早晚自习。还有的学生在学习中遇到一丁点困难就产生畏难情绪，缺乏勇于探索的学习精神。

（六）考风问题严重

考试是学校对学生进行学习约束的重要手段，尽管高校三令五申要求杜绝作弊现象的发生，但其仍然较为普遍，致使考试的真实性和公正性受到各方的质疑，也大大降低了大学生的整体素质水平。部分大学生在考试作弊问题上，道德认识比较模糊，诚信意识不强，容易受周围同学的影响。有些学生本来不想作弊，但是由于看见周围同学作弊成功了，自己的思想就产生了动摇，一旦考场管理不严，他们也会作弊。

二、原因分析

造成大学生学风上述问题的原因是多方面的，归纳起来主要体现在以下几方面：

（一）大学生价值取向功利化

部分大学生学习主要是为了获得个人的发展，学习带有强烈的功利主义色彩，社会责任感淡化。由于就业压力的加大，一些大学生对学校所设置的课程进行选择性的学习，放弃某些他们自认为"不实用"课程的学习。例如，学生对计算机、外语等对就业有帮助的课程比较重视，而忽视思想政治课、选修课和某些专业基础课的学习，出现了学习上急功近利的浮躁心态，不讲究真才实学。

（二）独生子女缺乏吃苦精神

许多大学生从小是在父母的呵护与迁就的环境中长大的，大多生活自理能力较差，不能很快适应高校相对独立自主的学习和生活环境。在他们身上普遍存在着好逸恶劳、贪图享乐等问题，缺乏刻苦学习的精神，只求舒舒服服，潇潇洒洒，希望学习没有难度，没有压力，不愿付出自己的艰苦努力来获得成功，只想着不劳而获。

（三）大学生就业形势的严峻

就业问题是大学生入校后最为关心的问题，大学生毕业后的就业前景与他们的学习态度、学习方向、心理状态息息相关。当今社会就业形势严峻，毕业生求职过程中四处碰壁，使在校学生感到前途一片渺茫，缺乏基本的学习动力。大学生中"读书无用"的论调重新抬头，有些学生片面地认为必须尽早融入社会，因而过多地参加各种社会实践活动，出现了逃课打工等现象，忽视课堂学习。

（四）部分教师敬业精神不足

部分教师对教学内容没有进行深入的钻研，缺乏对所教授学科前沿知识的讲解，对重点难点问题讲得不透彻，上课照本宣科，使得学生在课堂学习中感到厌倦，课堂听课效果不理想。还有的教师存在对教学秩序没有进行严格管理、对学生的不良行为视而不见等问题，以至于对学生学习兴趣、学习愿望等方面产生不良影响。

（五）社会上不良风气的影响

由于市场经济的负面效应，社会上的种种不良风气对大学生的影响无处不在：拜金主义、功利主义、享乐主义等不良风气以及网络上混杂的各种错误观念都不同程度地对大学生的世界观、人生观、价值观带来冲击，并大有蔓延之势。例如，社会上存在着对知识和人才不够尊重的现象；成绩不好的学生靠"关系"也能找到好工作，这些都对学风产生极坏的影响，严重挫伤了学生学习的积极性。

（六）高校管理工作不够重视

部分高校对学风建设的紧迫性和重要性缺乏足够的认识，管理措施执行不力，作弊等行为没有按照规定进行严厉的处罚，造成不良影响。一些高校缺乏学风建设长效系统的机制，没有形成各部门的合力。

当然，影响大学生学风的因素是比较复杂的，除了以上的方面外，还包括生源状况、中小学教育模式、国家政策等因素。

第五章 大学生学风建设评价

第一节 高职院校学风建设评估体系

一、学生的日常纪律松散，课外活动风气不浓厚

赫尔岑说过没有纪律，就不会有平心静气的信念，也不能有服从，也不会有保护健康和预防危险的方法了。大学生的生活给人第一感觉就是"自由"，然而这种自由需要体制、制度的保护和约束，不是无限度的自由。挣断线的风筝不仅不会得到自由，反而会一头栽向大地。大学的自由指的是在学习期间，自由获得相应专业知识，自由合理分配时间，自由发挥个人主观能动性，而不是任由自己的性格，逃课、作业抄袭，上课不专心，下课不复习，考试作弊等。许多基础差的同学平时学习不努力，考前临时抱佛脚，不仅如此，受这部分同学的影响，连一些成绩较为不错的同学也加入了抄袭大队的行列，抱着这种心态，更是加深了许多人"学习无用，读书无用"的想法。正如学术不端，学术造假一样，学风的纪律问题在学风建设中显得较为集中和突出。在我国近年来不断强调素质的同时，大学生的日常活动和社会实践引起越来越多人的重视，素质教育与应试教育相对应，它重视人的能力培养和个性发展。适应地参加社会活动，不仅能够加强集体主义观也能提高自身的修养。高校建设学风的同时狠抓寝室文化的建设，卫生的评比，可是酗酒、打架，

乱接电线、卫生脏乱差等现象屡禁不止。宿舍和实践活动一样，在大学生的学习生活中强制性不足，并且难以使大学生产生个体情感上的共鸣，从而得不到重视。

二、学风现状原因分析

根据以上对高校大学生的学风情况的罗列，可以看出，高校的学风并没有达到理想化的状态。一所高校的学风，看不见、摸不着，它所牵连的原因和症结十分广泛，而笔者认为主要从以下两个方面出发分析：一是社会因素，二是评价系统及建设因素。笔者认为这两个变量在大学学风的建设中起到了不可替代的作用。

（一）社会因素

马克思说过人是怎么样的，取决于他们进行生产的物质条件，人们的"内在本性"以及人们的对这种本性的"意识"向来都是历史的产物。人的本质是一切社会关系的总和，随着我国社会经济和政治的发展进步，社会各界的思想观念，行为活动发生了翻天覆地的变化。这是我国经济快速发展的必然性，社会的繁荣，多元化的思潮符合社会主义基本要求，而且也必然对高校大学的学风状况有所冲击。价值利益的显著不公平分配，使得大学生更倾向于金钱、权力的追求，一入大学即想离开，前脚踏入大学的门槛，后脚即想着谋财之道。消极的学习心理、悲观的求学行为加剧了他们理想与理实的碰撞。大学生是一个脆弱的群体，心理上处于不稳定的状态，在不良价值观的影响下，容易丧失自己的理性判断，价值观、认知出现较大偏差。同时，近些年高校的扩招又加剧了广大大学生的就业压力，并且研究生的人数也处于严重饱和状态。扩招带来可喜成果的同时，片面地追求毛入学率、落后于市场需要的学科设置、日益利益化的办学宗旨，也给校方和学生带了来不小的挑战。"知识改变命运"的口号显得弱不禁风。就业不再是企业、用人单位与大学毕业生的双向选择，而是用人单位的挑肥拣瘦，这样，大学生的不良情绪难免会提高。大学生毕业生的待遇低下，已是不争的事实，学历的贬值，更是助长了"读书无用论"的气焰。

(二) 评价系统及建设因素

笔者认为造成学风不良的另一个因素是学校管理层面没有认识到大学生学风评价与建设之间的关系，始终没有解决"什么样的学风才是好的学风"，从哪些特征可以看出学风的特点，如何去评价或评判。现实生活中对一个事物的评价往往是在多种因素共同考虑后，得出来的一个结论，这个结论能够说明事物的特征，如企业的销售额、年利润增加、财务管理状况，商品产出等状况。通过对事物的评判可以以此为依据，作为发展企业或机构的根本。然而作为高校，对学风的评价只是停留在定性、感情认识等方面，很少从全面、整体、综合的角度去考虑。笔者认为，评价大学生学风的好坏，需要依靠优良的评价指标、科学的数据收集方法等共同组成的，需要评价者不仅从感情认识出发，还要经过一系列的调查，针对学风的一个情况有目的性的评定。总而言之，学风的建设需要事实依据，而这个事实依据是建立在正确的事实基础上的，而不是简单地把各种事物全部罗列，简单地机械地相加。只有这样，才能切实可行地解决学风的不良现象，才能对症下药，真正认清学风好的地方在哪，需要改进的地方在哪里。学风出现的各种问题，笔者认为是因为没有对学风有一个更加清楚的认识，只有理顺了学风评价与建设之间关系的思路，才能更好地为学风建设服务。我们认为有以下三点对学风的评价产生了影响：

第一，思想观念方面。高校在一定时期内的功能观念、教学观念和育人观念对于大学生学风的形成和发展有着重要的导向作用。一所大学的校训体现着一所大学的学风，这代表着大学如何去治学，如何去管理，如何去培养符合时代的人才。哈佛大学的"与柏拉图为友，与亚里士多德为友，更要与真理为友"。复旦大学的"博学而笃志，切问而近思"。北京大学的"爱国、进步、民主、科学"。这些人文精神始终保持学校的良性运作，影响着学校在教育、管理、运营的各个环节。可以说正是在这样的条件下学风才会成长起来的。高校的治学理念、育人理念是整个大学的支柱，而学风是整个大学的灵魂之所在。21世纪，我国的高等教育步入了大众化教育阶段，高校本科生、研究生扩招导致高校的结构和资源失衡和紧张，因此需要做出适当的调整拯救学校的灵魂。陈腐的改革方式，滞后的管理观念、已经不适合当今高速发展的教育体制了。当我们仍是沿用上一辈教育家们所遗留下来的评价体系、治学观念的时候，大学生的不正学风就已经开始肆无忌惮地蔓延开来。

第二，学风建设开展的方法落后。手段和途径落后阻碍了学风的正常管理，学风的开展也应与国际接轨，与时俱进，运用现代化、科学的手段对学风进行管理。目前大部分的高校针对大学生不良的学风状况已经做出了改进，但是手段与形式单一，内容老套，如学校定时开展的学风建设活动，宿舍文化评比活动等。这种活动可以从一方面加深学生对学风的理解，但是效果短期，不具有长期性，更多的学生因活动而活动，没有从内心接受活动的主要精神，活动的激励性质较低，难以提高广大学生的兴趣，一味地强迫学生做这做那，还容易导致学生产生强烈的逆反心理。

第三，学风建设缺乏监管与反馈。监管即对事物的某一特定环节、过程、督促和管理，使其结果能达到预定的目标。学风建设关键因素是监督与管理，学风是一种氛围，一种文化，不是短期就能实现的，也不是短期就消亡的，学风的形成和发展需要学生个人、学校管理层的各方面的协调发展，使其能够长期运作。笔者通过阅读大量参考文献和相关资料中发现，学风的建设往往"雷声大、雨点小"、没有实际效果。究其原因，笔者认为是缺乏相应的监管。管理过程随意，结果没有可控性，没有经过实际测评，导致学风看似声势浩大，存在于表面，这种花架式，只做表面文章，应付上级检查的做法，不仅收效甚低，也耽误了学生和管理工作者的精力与时间。学风的建设停留在理论上没有经过实践，难以证明理论的可行性，无法出真知。

第二节　学风评价的内容

　　理解学风评价的内容首先要明白什么是教育中的评价。评价是一种价值判断活动，是对客体满足主体需要程度的判断。教育评价是对教育活动满足社会与个体需要的程度做出判断的活动，根据一定的教育价值观或教育目标，运用可行的科学手段，通过系统的收集信息资料和分析整理，对教育活动、教育过程和教育结果进行价值判断，为提高教育质量和教育决策提供依据的过程，以期达到教育价值增值。自19世纪中叶起到21世纪30年代的八十多年，为教育评价的第一个时期，心理时期，教育测量的研究取得了一系列的成果，在考试的定量化、客观化与标准化方面，取得了重要的进展。强调以量化的方法对学生学习状况进行测量。然而，当时的考试与测验只要求学生背诵教材的知识内容，较为片面。无法真正反映学生的学习过程。到21世纪30年代至50年代是教育测量的第二个时期，目标中心时期。泰勒提出了以教育目标为核心的教育评价原理，即教育评价的泰勒原理，并明确提出了"教育评价"的概念，从而把教育评价与教育测量区分开来，教育评价学就是在泰勒原理的基础上诞生与发展起来的。在西方，一般人们都把泰勒称为"教育评价之父"。20世纪60年代是教育测量的第三个时期，标准研制时期，以布卢姆为主的教育家，提出了对教育目标进行评价的问题，由美国教育学家斯克里文、斯塔克、开洛洛等人对教育评价理论作出巨大的贡献。学者们把1967年界定为美国教育评价发展的转折点。到了70年代以后，教育评价发展到了第四个阶段，结果认同时期。这一时期在非常关注评价结果的认同问题。关注评价过程，强调评价过程中评价给予个体更多认可的可能。这一时期的学者和理论越来越活跃，不但出现了许多理论著作，也出现了许多的评价模式与方法。高等教育的评价发展了一百年，形成了以美国为代表的鉴定模式，这一时期重视评价对个体发展的建构作用，因此，又称为个体化评价时期。到了全世界的教育领域——20世纪80年代往后，人们才开始把教育质量评价的问题推广，随着市场经济体制的完善和发展，教育改革的步伐也逐渐加快，是否能够正确地评价是学风建设中的一个必然环节。

学风的评价对于如何加快我国的高等教育的步伐，如何建设优良的学风，培养出符合国家、社会需要的人才，以迎接教育全球化的挑战，实现高等教育新的突破有着直接、现实的意义。它揭示了学校发展的内在规律，对人才培养的模式、学生素质的提高有着一定的推动作用。

第一，通过正当的学风评价方式，能够科学且客观反映大学生的行为习惯、大学的人才培养模式，有利于加强学风的建设。大学生既是高校教育的主体，高校评价的主体，大学生的行为好与坏，直接反映到学风的评价上面，从而影响大学的学风建设。良好的学风大学生是直接营造者，也是最大受益者。良好的学习行为，扎实的专业基础是大学生顺利完成从学校到社会的角色转换，在新的领域站稳脚跟。正当的学风评价也体现了高校的人才培养模式，培养模式是指在一定的现代教育理论、教育思想指导下，按照特定的培养目标和人才规格，以相对稳定的教学内容和课程体系，管理制度和评价方式，实施人才教育的过程的总和。培养模式与学风评价的双向互动，完成了评价体系的进一步完善。抓紧落实好大学生培养模式，素质评价方式是当务之急。因此，建立一套完整、全面、系统的评价方式能够反映学生的学习行为状况，找出人才培养模式与学校、学生个体之间的平衡点，及时找出不足和差距。制定发展规划，制定策略，具体问题具体分析，纠正学风不良的现象，有利于大学生学习行为的良好养成。大学的正常学习价值观应该包括谦虚谨慎、不骄不躁、扎实肯干、志向远大等特征。通过学风评价体系的建立与实施，学生自身、校方管理者可以一目了然地了解到学风的组成体系，通过实证的分析，作为基础，是大学生学风评价的客观标准。

第二，促进高校教师综合能力。教师被誉为"人类灵魂的工程师"，是中华传统文化与现代科学技术的播种人，是塑造祖国未来的新一代大师。通过建设大学生评价模型的建立，也给教师的素质建立了一个隐形的模型，指引教师在未来的学风建设中应该扮演的角色，首先，提高教师的思想品德，教育者的道德修养。对受教育者起着示范、引导、感化、熏陶的作用，其影响往往延续一个人的终生，教师在他所教育的学生心目中打下深刻的烙印。正因为如此，教育者的师表、师德、更为重要。他应当无私无畏、勤奋进取、忠诚自己所从事的教育事业，像人民教育家陶行知所说"捧着一颗心来，不带半根草去"。其次，使教师正确提高学风建设的重视程度。教育是培养人的工作，作为一名教育者应当全面去培养教育学生，切不可偏废任何一个方面。要把教人做人放在首位，把青少年思想品德教育贯穿于每时每刻，贯穿于教育科学各个环节，教育他们热爱祖国，维护集体利益，关心他人，克己奉公，鄙视利己排他和损公的行为，成为一个对人类社会有所作为和贡献的人。树立正确的人生观、价值观，掌握征服自然，建设祖国所必备的文化科学知识，具有良好的创造性、适应性和应变能力，还要有健康的身体。一句话，教育者应当把受教育者培养成为全面发展高素质的有用之才。再次，加强对课程的改革，在教书育人过程中，也不断提高教师个人的专业知识，学术科研水平，积极钻研教育科学及关联的科学知识，如教育学原理、教育社会学等，以理论指导教学实践，找出规律性的育人方法，提高学风综合评价的各项指标，以各种各样的形式吸引学生参与课堂的讨论，提高自身的教学水平，从而提高学生的公共课程与专业课程的成绩。

第三，能够真实反映大学生学风状况，鉴于此可以使校方的管理方式、手段上进行改革。一所大学的学风彰显着学校的精神面貌，也体现着学校教育管理的水平，对大学生学风的评价高低，也是对学校社会声誉、治学理念、就业能力等各个方面的一个考察、评估与督促。可以推动管理体制的创新。通过学风评价的创新，能大大增强高等院校发展的活力。国家教育体制改革试点工作涉及高等教育的各个方面，其中就有改革高等院校办学模式和建设现代大学制度。全国人才工作会议提出要以政策突破来推动管理体制机制创新，逐步形成充满活力、富有效率、更加务实的管理制度。面对目前众多的发展机遇，学校可以探索建立实施"十二五"。

学校事业发展的重点项目、在创新工作、学风评价工作上实现新的突破，促进了学校的长期规划，通过学风评价的定位，根据每个学校，每个学院、每个班级的现状基础考虑未来的发展定位。学风的评价是一项系统的工程，是不断积累强化的过程，需要学校上下多个部门的统一，系统地收集来自多方的数据，进行保留、考察与调研。目前的高校没有做到这一点，各部门的分工不同，甚至没有对学风评价有明确的分工，没有设立相应的监督办公室，部门之间相互推诿、推卸责任。

第三节　目前大学生学风评价系统的不足

一、对学风评价整体认识不准确和不全面

许多高校重视教育的评估，如绩效考核、教学质量评估，但疏于对学风的评价，更多的学者认为学风是一种感情，从经验出发的氛围，解决方式也更多应以实际调查为主，结合学校的自身状况去加以整改。而学风不是自然形成的，正如其他事物的成长过程一样，事物的发展必要经过认识—实践—再认识的一个过程。学风是诸多教育方面共同的必然结果。若要取得令人瞩目的实际效果，笔者认为就应该有一个全方位、多角度的支持系统。然而，我国的高校，各个管理部门，没有形成统一的认识，在学风建设方面，没有从学风评价的角度开展第一步工作，导致学风评价认识不足，学生教师动作大、收效少，整体动员大、局部实施小。学风的评价在学风建

设的整个活动中起到的作用不明显，地位比较低。也有的高校启用了新的评价方法，更多以学生为主体，围绕教学展开工作，但是全校上下没有一个统一的工作思路，在学风评价方面褒贬不一，没有弄清不同层次的学风建设所需要的学风评价是不同的。部门和部门之间的协调联动、共同作业的力度不足。学校是一个开放性很强的系统，全体上下对学风评价系统没有明确的责任制，最后评价结果也不够准确，不能达到共识。

二、学风评价手段单一

现代评价的手段很多，一个基本的原则是对评价对象进行整体的及全方位的、动态的评价，学风的评价应该是建立在对学风指标的缜密的建构、精确的计算及系统地描述得来的结果。所以学风评价活动是一个过程与结果的统一，结果来源于过程，没有学风评价的过程就没有学风建设的结果。而盲目地把学风评价与学风建设混为一谈就会导致学风评价手段的单一。学术的研究分为定性分析与定量分析，而学风的评价笔者认为也应该从定性和定量角度去分析，而现如今更多的学者、高校管理者更应该提倡学风建设的口号、定性地去分析与解决学风建设的疑难杂症。我们认为在定性的基础上做一部分定量评价或者说用定量的方式去做定性的评论，可以取得更好的效果。定性分析就是对研究对象进行"质"的方面的分析。具体地说是运用归纳和演绎、分析与综合以及抽象与概括等方法，对现有的学风状况进行思维加工，从而能去粗取精、去伪存真、由此及彼、由表及里，达到认识事物的本质、揭示内在的规律。例如，我们说这个学院的学风好，因为活动上搞得多，毕业率高，那说明，这个学院学风建设优良，而好在哪，为什么好，对于"好"是怎么定义和评价的。如何用可让人信服，这一点较难实现。对于评价活动，学者经常进行可操作性分析，就所观察的现象，调研进一步说明。而这个说明的过程，也就是评价的过程，评价体系构建中，维度不能统一，由于学者的研究背景与视角各不相同，因此对一部分感性、抽象的概念也会构建出不同的维度。很少对学风现状用数量特征、数量关系与数量变化的分析。而评价过程中会遇到各种各样的问题，有的可以定性，如精神面貌、品德、性格、品质、学习态度等，又有一部分可以测量，例如，学习成绩、卫生得分、四六级通过率等，在各种复杂因素都存在的情况下，评价的结果只是好、中、差。这种评价方式区分度低，且由于没有抓住事物本质而忽略了学风中存在的重大问题，最后疏于改正，学风建设只是停留于形式。

第四节　学风评价方法的选择

本文采用层次分析对大学生的学风进行评价。

层次分析法是将决策的事物分解成目标、指标层、子指标层等层次，在此基础上做的定性和定量的分析的决策方法，由美国运筹学家A. L. Seaty教授在20世纪70年代提出来的一种系统分析方法。层次分析法由于其易于理解、计算简便、科学合理，现已广泛应用于社会的各个方面，它的特点是在对复杂问题决策的时候，能够利用较少的定量信息使决策的思维过程数字化，如在学风评价中，既有思想方面的定性研究，也有成绩通过率的定量研究，通过定性的转化并与定量结合，能够更好地解决学风评价问题。减少定性评价带来的误差。通过将难以定量的总目标来分解，从而能够将定性的目标转化为定量的指标体系来解决问题，第一层叫目标层（最高层），只有一个指标，这个代表了最终评价的结果，第二层是指标层（中间层），代表了一个类，是第一层目标层的扩大，第三层是子指标层（最低层），是第二层的细化，考察的范围逐渐扩大。采用这样的方法，可以得出总目标层评价结果。具体分布如图5-1所示。

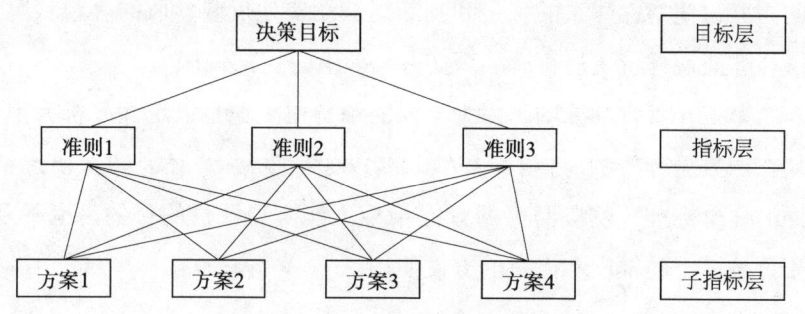

图 5-1 层次分析递阶层次结构

当然，层次分析法也有不足之处，层次分析法的方案的选择主观性占有大比例，从指标的选择到判断矩阵的构造，均是由相关专业等决策人士的主观感受、判断得来的，有一定概率失败。通常情况下，层次分析法是使人的判断更为有条理，从而计算决策中每一个指标的权重，然而当个人的主观感受，个人偏好违背了客观规律，产生了歪曲的时候，层次分析法的结果会产生一定的偏差。

第五节　指标选取的原则

选择科学合理的评价体系后，采用规范有序的指标体系不仅能统一人们的思想，而且也能够指导、安排、监督好整个评价的过程。在评价活动中，参评人员要最大限度地克服人个偏好，主观性及思想态度，努力提高评价过程的可信度。任何事物的发展都需遵循客观发展规律，规律即原则。

第一，指导性原则。指导性原则是指充分利用科学的评价体系，促进大学生的思想状态、学习态度、个人品质、心理综合素质，起到穿针引线的作用，有利于树立大学生正确的价值观、世界观，有利于实现良好的办学体系。

第二，客观性原则。实事求是，从实际出发，获取真实的数据，抓住事物的本质进行分析。避免评价人员的随意性和片面性，避免过多的人为因素，充分考虑到学生自身成长，以及社会等各种客观的因素，使指标体系的确定和判断矩阵切实地反映学风的客观状况，这样才能使评价更能符合客观实际，具有一定的说服力。

第三，可行性原则。因为学风的评价更多地是以定性分析为主，那在做数据分析的时候，不仅需要数据真实可靠，还要防止出现空泛的评价标准，模棱两可的数据指标不能实现评价的目的，也不利于评价模型的推广和人机的方便使用。

第六节　评价过程

一、指标体系的建立

笔者以一所地方综合大学为例，选定该大学商学院管理系的电子商务、物流管理、信息管理与信息系统、工商管理、公共事业管理五个专业的学生作为评价对象，根据大学的实际情况，同时，我们对该校管理系的教师、辅导员及多名主要学生干部进行了德尔菲法调查，通过多次调查访谈，经过对学风问题的背景阐述，以及学风现状的介绍，笔者与专家对学风指标体系多次进行了归纳和修改，最后汇总成了一致的看法，确立了大学生学风评价指标体系。如表5-1所示。

表5-1　学风综合评价指标体系

目标层 A	准则层 B	指标层 C
学风	学习行为 B_1	必修课成绩 C_1
		四级通过率 C_2
		计算机通过率 C_3
		课堂出勤率 C_4
	思想品德行为 B_2	政治态度 C_5
		党员及入党积极分子培养 C_6
		遵纪守法意识 C_7
	学生日常行为 B_3	宿舍卫生状况 C_8
		集体观念 C_9
		学校内外的实践活动 C_{10}

学习行为，是指学生在学习专业知识过程中所表现出来的态度、精神、付出努力的程度以及取得的成绩的综合表现。学习，是大学生在校期间的首要任务；学习行为是衡量大学教育效果的关键指标之一，也是评价学校学风的主要方面。本书主要从学习态度和学习效果两方面对大学生的学习行为进行评价，所选择的具体指标包括必修课成绩、英语四级通过率、计算机通过率以及课堂出勤率和考试情况四个三级指标。必修课成绩，是指学生在校期间所学的所有必修课程的平均成绩，包括公共必修课和专业必修课。必修课成绩，基本能够反映学生在校学习期间的整体学习水平。英语四级通过率，是指通过英语四级考试的学生在全体学生中所占的比例，这是目前比较常见、比较有代表性的指标之一。计算机通过率，是指通过计算机二级考试的学生占全体学生数量的比例。课堂出勤率，是对学生在校期间的上课的平均出勤情况的测度，是对学生学习态度的考察。

思想品德行为，是指学生表现出来的道德认识、道德情感、道德意志和道德行为的综合特性，是对学生意识行为和政治道德方面的评价。学生的思想品德行为也是学风评价的一个十分重要的方面，如果说学习行为是对学风的量的评价，那么思想品德行为就是对学风质的评价。十年树木，百年树人。大学不仅应该是青年学习专业知识和学术深造的地方，更应该是学会如何做人、培养高尚情操、增强道德修养的地方。良好的学风能够造就高素质的人才，高素质既包含了专业的知识，也包括高水平的思想品德。但是，思想品德行为作为一个较为抽象化的指标，很难设立量化的指标对其进行科学合理的评价，本书结合大学学生培养的实际情况，选择了三个具体指标对思想品德行为进行评价，即政治态度、党员及入党积极分子培养，以及遵纪守法意识，并通过教师主观打分的方式进行评价。

学生日常行为，是指学生在日常生活和人际交往中所表现出来的特性。学风建设，就是营造一个适合学生全面发展的优良环境，使学生不仅学习专业知识，提高道德水平，还应学会与人相处、融入社会的能力，学生日常行为正是对这种能力的考查和评价。本文从宿舍卫生状况、集体观念、学校内外的实践活动三个方面对学生的日常行为进行评价。在实际的学生工作中发现宿舍的卫生状况能够在很大程度上反映出学生与他人共同生活的融合能力，是反映学生素质和学校整体学习风气的重要指标，主要以学校日常组织的卫生检查成绩为评价依据。集体观念，包括学生在对班级事务和班内同学的关心程度，是否在集体中存在归属感、对待集体利益和班级利益的态度等方面。学校内外的实践活动，是指学生参加社会、学校组织的各种实践活动的意愿、积极程度等方面的情况。集体观念和学校内外的实践活动指标主要采用主观打分的方法进行评价。

二、构造两两判断矩阵

建立层次分析的模型之后，下一步就是将各层次的元素进行两两比较，从而构造出比较判断矩阵。判断矩阵所表示的就是人们所给出的某一元素相对另一元素的相对重要性。

通常构造的判断矩阵形式如表 5-2 所示。

表 5-2 判断矩形

B_k	C_1	C_2	...	C_n
C_1	C_{11}	C_{12}	...	C_{11n}
C_2	C_{21}	C_{22}	...	C_{21n}
⋮	⋮	⋮		⋮
C_n	C_{n1}	C_{n2}	...	C_{nn}

注：其中 C_{ij} 表示元素 C_i 相对于元素 C_j 对于目标的重要性。

显然判断矩阵具有如下性质：
① $C_{ij} > 0$
② $C_{ij} = 1/C_{ji}$ （$i \neq j$）
③ $C_{ii} = 1$ （$i, j = 1, 2, \cdots, n$）

在层次分析法中，为了使决策判断定量化，形成上述数值判断矩阵，常用 T. L. Satty 提出的 1-9 标度法进行重要性的评价，见表 5-3。

表 5-3　重要性的评价

序号	重要性等级	C_{ij}
1	i,j 两元素同等重要	1
2	i 元素比 j 元素稍重要	3
3	i 元素比 j 元素明显重要	5
4	i 元素比 j 元素强烈重要	7
5	i 元素比 j 元素极端重要	9
6	i 元素比 j 稍不重要	1/3
7	i 元素比 j 明显不重要	1/5
8	i 元素比 j 强烈不重要	1/7
9	i 元素比 j 极端不重要	1/9

注：2，4，6，8 表示介于上述判断的中间值。

我们运用德尔菲法对 25 名辅导员、学生干部、教师进行了调查，最终构造了如下判断矩阵：

A - B

$$\begin{bmatrix} 1 & 3 & 6 \\ 1/3 & 1 & 5 \\ 1/6 & 1/5 & 1 \end{bmatrix}$$

$B_1 - C$

$$\begin{bmatrix} 1 & 3 & 4 & 6 \\ 1/3 & 1 & 6 & 3 \\ 1/6 & 1/6 & 1 & 1/5 \\ 1/4 & 1/3 & 5 & 1 \end{bmatrix}$$

$B_2 - C$

$$\begin{bmatrix} 1 & 5 & 1/3 \\ 1/5 & 1 & 1/6 \\ 3 & 6 & 1 \end{bmatrix}$$

$B_3 - C$

$$\begin{bmatrix} 1 & 2 & 1/5 \\ 1/2 & 1 & 1/4 \\ 5 & 4 & 1 \end{bmatrix}$$

三、层次单排序与检验

层次单排序是指计算出某层次元素相对于上一层次中某一因素的相对重要性，即某一层次元素相对于上一层次某元素的权重。并对判断矩阵进行一致性检验，只有构造的判断矩阵符合一致性要求，才能保证层次分析法得到合理的结论。计算过程为：

①计算判断矩阵每一行元素的乘积 M_i

$$M_i = \prod_{j=1}^{n} a_{ij}, i = 1, 2, \cdots, n$$

②计算 M_i 的 n 次方根 $\overline{W}_i$

$$\overline{W}_i = \sqrt[n]{M_i}$$

③对向量 $\overline{W}_i = [\overline{W}_1, \overline{W}_2, \cdots, \overline{W}_n]$ 正规化

$W_i \dfrac{\overline{W}_i}{\sum_{j=1}^{n} \overline{W}_j}$，则 $W = [W_1, W_2, \cdots, W_n]^T$ 即为所求的特征向量。

④计算判断矩阵的最大特征根 λ_{max}

$$\lambda_{max} = \sum_{i=1}^{n} \frac{(AW)_i}{nW_i}$$

其中 $(AW)_i$ 表示向量 AW 的第 i 个元素。

⑤进行一致性检验

只有构造的判断矩阵符合一致性要求，才能保证层次分析法得到合理的结论。

计算公式为：

一致性指标：$CI = \dfrac{\lambda_{max} - n}{n - 1}$

一致性比例：$CR = \dfrac{CI}{RI}$

其中 RI 为平均随机一致性指标，对于 1－9 阶判断敌阵，RI 的值分别列于表 5－4。

表 5－4　平均随机一致性指标

1	2	3	4	5	6	7	8	9
0.00	0.00	0.58	0.90	1.12	1.24	1.32	1.41	1.45

当 $CI < 0.1$ 时，认为该判断矩阵满足一致性检验，层次分析的结果可以接受，否则应该对判断矩阵进行适当的修正。当层次单排序的判断矩阵符合一致性检验时，其特征向量即为各元素的权重值。

针对判断矩阵，其计算结果如表 5-5 所示。

表 5-5 层次单排序与一致性检验

	W_i	CI	RI	CR
B_1	0.635			
B_2	0.287	0.047	0.580	0.081
B_4	0.078			
C_1	0.524			
C_2	0.282	0.088	0.900	0.098
C_3	0.049			
C_4	0.145			
C_5	0.287			
C_6	0.078	0.047	0.580	0.081
C_7	0.635			
C_8	0.186			
C_9	0.127	0.047	0.580	0.082
C_{10}	0.687			

CR≤0.1，全部通过一致性检验。W_i 为各项指标所代表的权重。

第七节 评价结果分析

我们选择 A 大学 07 级某管理系本科生作为测评对象，并且邀请了任课教师，辅导员，部分学生干部按照评价指标对各班进行了打分，进行加权求和计算，得出表 5-6 结果。

表 5-6 学风加权计算结果

07 级工商一班	85.1	07 级物流一班	80.5
07 级工商二班	87	07 级物流二班	84
07 级工商三班	86.6	07 级公共一班	82
07 级信管一班	87	07 级公共二班	83
07 级信管二班	80.1	07 级公共三班	78.3
07 级电商一班	89.3	07 级公共四班	77.2
07 级电商二班	85.2		

通过以上的层次分析的计算，得出了各班的学风评价中各指标的权重，也就是在学风评价中所占有的比例和各班的学风状况。

通过表5-5，我们可以看出，在学风评价中学习行为在学风总评价中占63.5%，远高于思想品德行为28.7%和学生日常行为7.8%，这说明在学风中学生个体的学习行为更应该受到重视。第三层中必修课成绩、四级通过率、政治态度、遵纪守法意识、学校内外的实践活动权重更高，说明在学风评价中这些指标所占的比重更大，更应该在学风建设中得以重视.

从表5-6结果可以看出，通过计算我们得出了所选择的班级学风综合评价成绩，大部分的成绩均在80分以上，绝大多数班级成绩大于80分，按平均分排名，工商管理专业优于电子商务专业，之后是信息管理与信息系统专业、物流和公共专业。学风评价成绩较优的专业和班级更多注重自身的学习，在平时学习和生活中以及上课出勤、考风、宿舍风气等表现也较为突出。工商管理专业自入学以来班内学习等风气较为优秀，同时该专业党员人数最多，一定程度上对班级的进步起到了带头作用。而排名靠后的专业和班级影响因素很多，主要是考风较差，日常上课出勤率较低，影响了学习成绩，表5-6中公共三四班是专升本班级，学习基础和纪律表现与其他班级有一定的差距，影响了本专业学风整体评价，成绩低于80分。综合来看，表5-6反映出了该大学总体学风综合评价成绩较好，我们也可以得知大学的学风现状较好，该学校的学风建设取得了一定的成绩。

第六章 大学生学风建设的对策探讨

随着国际教育的接轨，我国的高校教育也在逐步向世界一流大学靠拢，强调素质教育，重视人文教育，可是在许多方面做的还是有一点不足，笔者也希望借此文章，通过对学风的认识以及对学风评价模型的构建进一步促进我国高等院校大学风的学风建设。

通过对学风现状的分析我们还逐渐认识到学风建设是一项庞大、系统的工程，需要学校领导、广大教师和学生共同合作的努力。通过大学生学风评价模型的构建，分析把握学风建设中各种因素的重要性，结合西方高校学风建设的途径，剖析我国学风建设发展的特点，探寻符合我国高校管理的规律，加强管理、从严要求、形成良好的大学生风气。

对于如何改善大学生学风，我们可以根据各高校的不同情况而采取不同的策略，而笔者针对大学生学风调查所反映出来的普遍问题及原因分析，从高校管理者、教师、辅导员、社会四个角度提出以下策略。

第一节 高校管理者视角中的学风建设

高校管理者是学校事务中的组织者和决策者，大学生学风建设能否得到较大改善，有赖于高校领导的重视和引导。下面，笔者从高校管理者的角度来提出学风建设的策略，以期能够促进良好学风的形成。

一、端正考风考纪，以考风促进学风

考风考纪是学风好坏的重要体现，没有好的考风就很难形成好的学风。如今，高校中的考试作弊现象非常普遍，在大学生中流传着这样的顺口溜："分不在高，及格就行；学不在深，作弊则灵"，学生在考试结束后的话题更多地是交流作弊的心得，这种风气严重影响着高校人才培养的质量。著名教育家陶行知先生曾指出"欺亲师、自欺、违校章、辱国体、害子孙之考试舞弊之五恶德也"。作弊现象的盛行，将加剧不良学风的恶化，助长了校园内弄虚作假、营私舞弊、投机取巧、急功近利等风气的蔓延。作弊在某种意义上来看，与制假贩假等不道德的行为是相似的，它涉及大学生的诚信问题。作为高校的管理者，应采取有效措施来端正考风考纪，促进严谨务实学风的形成。

当前，大学生考试作弊的手段越来越先进，有的学生将没有来得及复习的内容写在书桌上、纸条上，有的学生利用手机、电子词典、隐形耳机、荧光笔等现代化工具进行作弊，还有的学生直接找"枪手"替考，作弊手段花样百出，这给高校遏制考试作弊的现象带来一定的困难，也涣散了学习风气，影响了学习成绩评定的公平性，在一定程度上降低了勤奋学生的学习积极性。还有的学生在考试之前，寄希望于任课教师能多指出考试的重点范围，套取考试内容，猜题押题，拼命背笔记，囫囵吞枣，还会出现派班级里成绩优秀的学生去做出他们所套取的重点题目，然后把答案缩印，制作成小卡片，发送到需要小卡片的同学手中，出现群体作弊的现象，在考试后偶尔还会出现小卡片如雪花纷飞般满地都是的令人咋舌的现象。有的教师出于"学生保护主义"，考题不是按照教学要求的水平出，而是迎合学生的实际水平出，为了让自己所教的学生考出好成绩，经常出现考前给学生画重点提纲，严重泄题等问题。特别是对毕业班的学生，由于他们大多忙于考研或求职，忽视对课堂教学的学习，教师出于为学生考虑，或多或少会相应地缩小考试范围，降低命题标准，这种风气届届相传，会对后入校的大学生造成不良的影响。

"没有规矩，不成方圆"，端正考风考纪是学风建设的重点工作之一。高校管理者应充分重视考试制度的完善工作，通过建立一支强有力的督考小组，去规范考试管理的各项环节，对考试全程进行严格的把关。校领导要明确考试的规则和纪律，并狠抓落实情况。对于考试中作弊的"害群之马"，一定要发现一起处理一起，绝不姑息迁就，使学生真正认识到作弊所带来的巨大代价，让规章制度真正发挥作用。由于大多数高校明确规定考试作弊要受到严厉的处分，监考教师出于对学生未来就业等因素的考虑，大多情况下只是睁一只眼闭一只眼，顶多给违纪学生口头警告或私下处理，不上报学校。另外，如果要上报学校，还会占用监考教师的时间去写违纪记录等，碰到态度恶劣的学生，监考教师还会遭到威胁和恐吓，以至于监考教师更多地会选择姑息纵容，这就在无形中助长了学生考试作弊的嚣张气焰，导致学生有恃无恐。考试管理部门要提高监考人员的责任心，严惩监考过程中的失职行为。同时，要加强对监考人员的教育和培训，例如，可以通过向监考人员展示历年收缴的学生作弊工具，让他们直观地了解学生作弊的各种手段、特点，提高他们防范作弊的技能。各相关部门在考前要加强对学生进行诚信教育的宣讲，充分利用各种宣传途径去营造"遵纪光荣，违纪可耻"的氛围，通过悬挂富有威慑力的警示标语和用以往作弊的典型案例来警示学生，把他们的作弊动机扼杀在萌芽状态。考风考纪的好坏影响着学风的建设，高校管理者要对考试作弊问题进行多角度的防范，遏制住考试作弊的歪风，努力形成积极向上的学风。

二、以校园文化活动推进学风建设

校园文化是一种特殊的社会文化，是在特定的环境中创造的一种与社会时代密切相关，又具校园特色的人文氛围、校园精神和生存环境。校园文化对大学生的价值取向、行为方式有着潜移默化的影响，影响着学生的品格、思想和生活方式的选择，能够弥补课堂教学的不足，是学风建设的重要载体。校园文化活动主要包括以下三方面：

（一）科技、学术活动

高校要利用学术报告、理论研讨、学科竞赛等活动，为大学生提供一个学术交流的平台，拓宽学生的知识面，满足学生的求知欲，激发学生成才的愿望，培养学生崇尚科学的学习态度和勤奋严谨的学习作风。许多大学生有参与科学研究的意愿，高校要尽可能让更多的学生有机会参与科研活动，协助教师做一些力所能及的科研工作，借此营造出高校良好的学术氛围，促进学风建设。

（二）文化、体育活动

以节假日为契机，有组织、有目的地安排一些活动，如举办歌咏比赛、体育类比赛等。成立社团组织，诸如美术、诗画、舞蹈、书法等组织，让学生在组织活动中施展自己的才华，锻炼出良好的身心素质。另外，加强对校报、宣传栏、广播等舆论形式的建设，充实学生的精神生活，为校园营造出一种健康、向上的氛围，形成积极的学风导向作用。

（三）社会实践活动

通过组织文艺下乡、社区共建、艾滋病防治知识宣传、食品安全知识宣传、义务支教等社会实践活动，让学生认识社会、了解社会，增强奉献社会的责任感。

通过以上活动，能够为学风建设开辟更多更广的渠道，让整个校园环境都能体现知识的氛围，激发学生的学习兴趣，促进大学生综合素质的提高，并催化优良学风的形成。

第二节　教师视角中的学风建设

中共中央、国务院发出的《关于进一步加强和改进大学生思想政治教育的意见》中指出："高等学校各门课程都具有育人功能，所有教师都有育人职责。广大教师要以高度负责的态度，率先垂范、言传身教，以良好的思想、道德、品质和人格给大学生以潜移默化的影响"。教师在教学过程中与学生接触密切，他们的世界观、人生观等会影响着学生，学风建设要深入教师的实际教学工作中去，充分发挥教师教书育人的作用，从而促进优良学风的形成。

一、构建良好的师生关系

师生关系是教师与学生之间在教育教学过程中，为完成一定的教育任务，以教和学为中介而形成的一种特殊的社会关系，是学校最基本的人际关系。古人云："亲其师，信其道"，指出了师生关系在教学过程中的重要性。在联合国教科文组织发布的《学会生存》的报告中指出："我们应该从根本上重新评价师生关系这个传统教育大厦的基石，特别当师生关系变成了一种统治者和被统治者的关系的时候，这种统治与被统治的关系，由于一方在年龄、知识和无上权威等方面的有利条件和另一方的低下与顺从的地位而变得根深蒂固了"。师生关系的好坏能够直接影响着学生对教师所教课程的学习兴趣和学习效率，良好的师生关系是实现教学目的的重要保证。它是一种巨大的教育力量，直接关系到高等教育教学质量的问题，所以必须引起教育各方的足够重视。

在我国传统的教育思想中，"师道尊严""一日为师，终身为父"思想根深蒂固，导致教师在教学中容易搞"一言堂"，对教材内容进行单向灌输，不注重与学生的平等交流，容易引发学生对教师的不满。随着网络技术的发展和大学生上网的普及，课堂学习不再是能获得知识的唯一渠道，学生在学习过程中遇到了问题，首先想到的更多是"百度""谷歌"，教师的地位和作用不断弱化，权威性受到冲击，以至于大学生对师生间的交往缺乏主动性与积极性，课堂上主动回答问题或主动提出问题的学生寥寥无几，有时候学生在路上遇见了教师也不主动打招呼，对教师"敬而远之"。另外，随着高校的扩招，生师比例越来越大，高校教师常常要面对上百名学生进行教学，授课时不能顾及每一位学生，这在一定程度上增加了师生交流的难度。高校教师还会受到来自考核、职称等方面的工作压力，导致教师重科研、轻教学。许多教师不情愿把自己宝贵的时间和精力用于与学生进行交流，更不用说建立师生间深厚的感情。许多教师下课后为了赶校车回家，不得不匆匆离开教室，很少对学生进行问题答疑。许多学生表示，"教师上课前才出现，一下课收拾东西便走，多待一分钟的时间都没有"，"有许多教师到了期末都不认识自己的学生，更谈不上了解学生"。从中我们可以看出，高校师生关系存在冷漠化的趋势，二者之间缺乏必要的交流与沟通。

沟通、交流是改善人与人之间关系的一个重要途径。师生之间应该要处于一种平等的交往关系，在这种交往关系中，教师与学生作为平等地位的人，相互尊重彼此独特的个性，自由而持久地交换意见，共享不同的人生经历和人生体验。西方建构主义学习观[45]也认为，知识在被个体接受之前，对于个体来说毫无权威可言，不能把知识当作预先决定的东西教给学生，不能用权威来压服学生。良好的师生关系有赖于双方的共同努力。对于教师来说，要想赢得学生的尊敬和信任，就要努力提升自身的知识结构和能力结构，加强师德修养，塑造人格魅力。教师要改革教学方式和方法，善于运用启发式、讨论式等教学方法，形成师生之间平等、双向互动的教学模式。教师应利用课余时间尽可能多地接触学生，提高师生交流和沟通的频率，真正走进学生的心灵，让教师真正担负起"传道、授业、解惑"的职责，从而激发学生对教师所教科目的学习热情，以顺利实现教学目标。对于学生来说，首先要做到尊敬教师，不能总是"躲"着教师，也不能轻易对教师产生抵触或失望的情绪，要知道"金无足赤，人无完人"。在高校中构建平等、和谐的师生关系，教师课堂教学的成效才会得到提高，学生才能呈现出浓厚的学习兴趣，有利于学风的建设。

二、提高课堂教学质量，以教风促进学风

教风是指教师在教学活动中带有倾向性的风气、风貌，是学校

教育风气的主要构成之一，是教师世界观、人生观、价值观、道德修养、知识水平、文化水准以及精神面貌的体现，是教师德与才的统一表现[46]。教风的好坏直接关系到高校的课堂教学质量，是教师完成教书育人工作和高校培养高素质人才的重要保障。优良的教风还是一种无形的力量，能够影响学生世界观、人生观、价值观的形成，对学生起着巨大的示范作用。教风在一定程度上决定着学风，只有好的教风才能带出好的学风。当前，高校课堂的教学质量呈整体下滑的趋势，在课堂教学过程中存在着许多不良的现象：①部分教师教学方法呆板，责任心不强，如有些教师把所要传授的内容全部罗列在幻灯片中，没有任何重点，在课堂上照本宣科，播放一遍，我讲我的，你听你的，不管学生是否接受了知识，这样的教学方式肯定得不到学生的欢迎，不能激发学生的学习兴趣，教学效果较差；②课堂教学、课业监督、课堂考勤管理上存在着很多不足，对旷课、课堂开小差的同学不闻不问，课堂纪律乱哄哄也不加以制止，致使正常的教学秩序受到冲击，出现混乱局面，这在一定程度上纵容学生去放松学习；③课前准备不够充分，讲课敷衍了事，随意更换上课时间、提前下课或者让学生自学，有时根本没有完成教学过程。教师的上课进度，涉及的教学内容等，全由科任教师主观决定，还有的教师忙于第二职业，存在着让别的教师或者自己所带的研究生去代课的现象，这也会给学生带来负面的影响；④在课堂上随意发表主观言论，讲些与教学内容无关的话题，甚至将某些不健康的思想带给学生，职业素养较差。这些虽然只是个别现象，但负面影响非常大。

提高课堂教学质量的关键在教风，高校要狠抓教风建设，以教风促进学风。高校要加强对教师的职业道德教育，特别是师德教育，要培养教师爱岗敬业、甘为人梯的精神，增强教师的育人责任感。只有教师具备了良好的职业道德，才能真正做到"学高为师，身正为范"，才能让教师真正成为学生的良师益友。教师的教学能力是加强教风建设的一个重要环节，教师要提高严谨治学和严谨治教的自觉性，努力增加知识储备，课前要认真备课，一丝不苟地对待每一个教学环节，活跃课堂气氛，把复杂深奥的理论用通俗易懂的语言提炼出来，并把本学科的前沿热点传授给学生。对那些学生意见较大的严重不负责任的教师，学生可向学校有关部门反映，罢免该教师的任课资格，并立即对其进行批评整改教育。另外，教师在教学过程中，如果过度依靠学生的自我约束，教学质量就很难得到保证，所以，教师对课堂纪律要严于管理，要加强课堂考勤或者指定班干部负责考勤工作，努力维护正常的教学秩序。高校要不断完善和落实教师教学过程中的监督制度，规范课程大纲和细化教学要求，建立起有效的激励约束机制，以评选教学名师、先进教学奖、院系教学评估等活动，达到激励先进，鞭策后进的目的。在注重教师教学工作量考核的同时，还要注重教师教学质量的考核，实行科学的教学质量量化考核，变软要求为硬性指标，逐渐增强教师的危机感和紧迫感。

良好的教风对高校提高教学质量起着有力的推动作用，对于良好学风的形成也具有十分重要的作用，因此，高校对教风建设应该常抓不懈，让优良的教风、学风伴随学生健康地成长。

第三节　辅导员视角中的学风建设

辅导员是学生日常事务的管理者、学生成长的引路人，他们与学生的接触较频繁，能够及时掌握学生的学习、生活等方面的状况，是学风建设的引导者、监督者。教育部颁布的《普通高等学校辅导员队伍建设规定》中明确提出："辅导员是开展大学生思想政治教育的骨干力量，是高校学生日常思想政治教育和管理工作的组织者、实施者和指导者。"他们虽然不是专业教师，但是在学风建设中也起着巨大作用。从辅导员的角度进行学风建设，可以从实施理想信念教育、心理健康教育、职业规划教育三方面入手，改善大学生的学风。

一、加强对大学生进行理想信念教育

大学生的理想信念教育，是以马克思主义为指导，在中国共产党领导下的中国特色社会主义和共产主义的理想信念教育。通过对大学生进行马克思主义理论教育，帮助他们树立中国特色社会主义的共同理想及正确的个人理想，引导大学生特别是共产党员和先进分子树立共产主义的远大理想和马克思主义的坚定信念[47]。邓小平同志在提出要培养"有理想、有道德、有文化、有纪律"的"四有"新人时，多次强调"有理想"是首位的。中共中央、国务院发出的《关于进一步加强和改进大学生思想政治教育的意见》中指出："随着我国对外开放不断扩大、社会主义市场经济的深入发展以及各种西方思潮的影响渗透，我国社会经济成分、组织形式、就业方式、利益关系和分配方式日益多样化，人们思想活动的独立性、选择性、多变性和差异性日益增强。"以上各种因素深刻地影响着当代大学生对理想信念的认同和追求。理想是行动的指南，是人生的航标，一个人的成就大小与他的理想信念层次成正比，大学生树立什么样的理想信念，直接影响到他们以后的人生道路。正确的理想信念是一股巨大的精神力量，是实现人生目标进程中的强大动力，能使人一辈子受益。

理想信念可以在大学生成长成才过程中起到正确的导向作用，当遇到困难和挫折时，给大学生以鼓舞和支持，它可以让大学生在日常生活中，形成正确的人生观和价值观，树立积极的生活态度。近年来，大学生在理想信念方面出现不少问题，有的学生把"金钱"作为自己人生理想的最大目标，贪图享受，甚至因此走上违法犯罪的道路，这与一些地方、部门和学校对大学生理想信念教育重要性认识不足、重视不够有密不可分的关系。当前，大学生不同程度地存在理想信念模糊、政治信仰迷茫、社会责任感较弱、爱心不足、缺乏艰苦奋斗精神、诚信意识淡薄、理想信念的功利性意识太强等问题。许多高校周边网吧、迪厅、棋牌室、游戏厅、录像厅等娱乐场所比较集中，致使部分贪玩厌学的大学生乐于其中，渐渐荒废了学业。随着高校招生规模的扩大，部分不乐于学习的高中生，也有很大的机会能跨进大学的校门，但是他们对大学生活没有足够的珍惜和重视，很容易沉溺于谈恋爱、电脑游戏、通宵看电视剧等，将学习抛之脑后。

大学生正确的理想信念不是自发产生的，必须依靠教育，辅导员是大学生理想信念教育的重要力量。面对大学生理想信念方面出现的问题，辅导员在工作中既不能忽视，也不能回避。辅导员自身应树立起正确的共产主义世界观、人生观、价值观，在与学生朝夕相处的过程中，以春风化雨、润物无声的方式去感染学生，这样，辅导员在对学生进行正确的理想信念教育和引导时，才能减少大学生的逆反情绪，让理想信念教育发挥应有的作用。辅导员对学生进行教育的效果，由低年级向高年级方向依次递减，所以，辅导员要加强对大一新生的入学教育，抓住"首因效应"的影响，及时发现学生世界观、人生观、价值观上的偏差并给予纠正，使大学生具有积极向上的人生目标，并为之努力奋斗和拼搏。大学生要树立起"为中华崛起而读书"的崇高理想，成为社会主义现代化事业合格的建设者和接班人。辅导员要引导大学生把社会理想和个人理想、现实理想和远大理想结合起来，增强学生的社会责任感和历史使命感，提升学生成才的动力。

二、加强对大学生进行心理健康教育

心理健康[48]是指旨在充分发挥个体潜能的内部心理协调与外部行为适应相统一的良好状态。2004年，云南大学的"马加爵杀人事件"充分暴露出大学生心理问题的严重性，虽然这只是个案，但也引起高校心理健康教育工作者的强烈反思。大学生心理问题给高校学风建设带来了一定的难度，心理健康教育的好坏也直接影响到学风建设。心理健康在某种意义上来说比身体健康更重要，有心理问题的学生往往表现为不合群、自闭、悲观厌世，甚至有自杀、暴力倾向，他们很难在学习上取得好成绩，并且给周围的同学造成一定程度的影响。目前，高校心理健康教育缺乏力度，很多高校的心理咨询室都是名存实亡，学生只是听说有这样的咨询室，但具体设在哪里，大多数学生是不太清楚的，他们也很少听说周围有同学去咨询。辅导员作为距离学生最近的德育工作者，应该做学生心理问题的疏导者。与专业的心理咨询人员相比，虽然辅导员在专业心理学方面的知识不够强，但他们更能了解自己的学生，比较容易走进学生的内心，帮助学生解决实际问题，摆脱心理困境，提高学习成效，保障大学生能顺利完成学业。

　　辅导员可以经常深入到学生宿舍与学生交流，了解学生的日常生活状态，发现学生的思想问题要及时解决。许多大学生从小到大的生活是衣来伸手、饭来张口，没有经受过逆境的考验，心理承受能力不足，受到一丁点儿委屈就承受不了，当学习或生活上遭受打击时会不知所措，不能理性看待自己所处的境遇，产生自暴自弃的行为。许多学生存在着不同程度的心理缺陷，如自私、虚荣、消沉、嫉妒心强、情绪易波动，自控能力差等，他们在人际关系、学习、感情以及家庭经济等方面存在各种心理困惑。一些大学生因现实生活不如意，把网络当作自己唯一的依靠，沉湎于网上聊天、玩游戏等，影响正常的学习、生活。有的学生宁愿在网上与从未谋面的网友畅所欲言，也不愿和周围的同学交流想法。还有一部分希望通过努力学习，想拿奖学金的学生，由于缺乏科学的学习方法，不善于分配时间，生怕不能达到自己的学习期望值而产生焦虑情绪。辅导员要尽量帮助学生解决各种心理问题，使学生能够正确面对学习和生活中的困难和挫折。只有学生在学习、生活中拥有健康的心理状态，才能激发学习热情，减少学风建设的阻力。

　　辅导员要做好日常管理，深入到学生中去，查找重点帮扶对象，采用多种策略和方式进行心理疏导，充分利用 QQ、MSN 等沟通途径，与学生进行交流，使学生更好地适应学习、生活环境。辅导员要提高自身心理健康教育方面的知识素养，耐心地对学生进行沟通和心理疏导，找出学生心理问题的症结所在，有效消除他们的心理困惑。辅导员要加强对大学生进行心理健康知识的普及，传授心理调适的方法，让学生学会自我心理调适。学生在出现心理问题后，如果能主动找同学或者辅导员聊一聊，有时自己转不过弯的问题，别人一句话就会使自己拨开云雾，豁然开朗。有些学生只知道自己长期心情不好，但不知道这是心理上的问题，他们也不愿意承认自己的心理有问题，绝大多数学生还会认为"进行心理咨询的人都有心理疾病"，不大愿意去寻求心理援助，辅导员要帮助学生纠正这种错误的偏见，还要在工作中及时发现各种心理危机事件，进行干预，防患于未然。对于一些较专业的心理咨询和心理治疗，可以及时地转交给学校的专业心理咨询人员承担。辅导员只有做到将心理健康教育落实到具体工作中，才能真正促进学风建设的发展。

三、加强对大学生进行职业规划教育

职业规划指个人与组织相结合，在对一个人职业生涯的主客观条件进行测定、分析、总结的基础上，对自己的兴趣、爱好、能力、特点进行综合分析与权衡，结合时代的特点，根据自己的职业倾向，确定最佳的职业奋斗目标，并为实现这一目标做出行之有效的安排[49]。当今大学生"忙、盲、茫"的状态越来越突出，这主要是由于缺乏职业规划教育导致的。2007年年底，教育部办公厅发出《大学生职业发展与就业指导课程教学要求》的通知，要求各个高校开设职业发展与就业指导相关的课程。高校在实际操作中，开设的课程内容可涉及"现代职业的分类、预测未来职业的发展趋势、分析影响选择职业的因素、职业选择决策的方法，以及寻找理想职业的方法和技巧"[50]等。加强大学生的职业规划教育是促进学风建设的一个重要途径，让大学生在学习过程中不再茫然，激发他们学习的内在动力。

目前，大学生就业难的问题或多或少地对高校学风造成一定的影响，大学生入学后最为关心的问题是毕业后的就业情况，他们想知道毕业后的就业方向以及如何胜任工作。多数高校的大学生就业指导中心仅仅提供的是一些用人单位的招聘信息，举办少数就业讲座、进行政策制度指导等简单的工作，而缺乏对大学生进行合理的职业规划教育。因此，辅导员在大学生四年的学习过程中要充分发挥自身在职业规划教育中的指挥棒作用，明确学生在大学各个阶段学习的重点，从而打造出高校学风的良好氛围。在大学里，有两种类型的学生占的比重不小：一类是对学习满不在乎，无所事事的学生；另一类则是每天晚睡早起，忙于学习却又一事无成的学生。辅导员要对这两类学生进行特别关注，使学生树立正确的职业规划观，除了使学生在学习中有紧迫感和竞争意识之外，更要让学生明白未来职业发展的方向，使学习具有更大的收效。

辅导员要对不同年级阶段的学生进行有计划、有步骤的针对性教育，帮助学生做好四年学习中的职业生涯规划。对刚入学的大一新生来说，由于他们对大学生活比较迷茫，容易受周围不良环境的影响，所以经常被视作有可能让学生虚度过去的宝贵一年。辅导员要让新生一入学就了解本专业的特点、专业优势，明确学习目标，让学生对所学专业的公共课程、专业基础课程、选修课程、补修课程等有清晰的认识，引导学生从所学专业的特点出发，寻找合适的学习方法，避免学生学习的盲目性。让学生初步了解将来所从事的职业，了解自己将来所要从事的行业对工作者素质的要求，进而努力提高自身素质，为将来就业打下坚实的基础。对进入专业学习阶段的大二、大三学生来说，辅导员要加强对学生学术道路的引导，鼓励学生多考些对自己专业就业有帮助的资格证书，以及计算机等级、英语四、六级等此类用人单位比较青睐的等级证书。辅导员还要注重培养学生的社会适应能力及实践动手能力，鼓励学生在课外适当从事一些与自己专业相关的工作，通过参加各项活动，提高各自的能力。大四则进入了毕业阶段，学生在对是否考研、出国、考公务员与直接就业的抉择过程中，辅导员要帮助他们树立坚定的奋斗目标，对即将求职的学生，可通过各种途径为他们提供丰富的就业信息，还要加强他们对如何设计简历、求职技巧等方面的指导。另外，同一个专业所能从事的工作有许多类型，辅导员要引导学生锁定自己感兴趣的职业，并为了具体的目标而努力，实现各自的人生价值。对于选择继续深造和报考公务员的学生，辅导员要尽量帮助他们创造出良好的学习环境，让他们发挥出自己考试中的最佳水平。辅导员通过这些职业规划教育，让学生既有学习的压力，也有学习的激情和动力，从而对学风产生积极的影响。

第四节　社会视角中的学风建设

高校是社会组织的一部分，本身具有社会性。所以高校学风不免要受到社会环境直接或间接的影响。当前在社会中存在不少个人主义、功利主义、享乐主义以及种种腐败问题，影响了整个社会的风气，也给大学生带来负面影响，使高校的学风渐渐变得浮躁起来。为此，笔者从社会的角度进行学风建设方面的如下思考。

一、要形成尊重知识和尊重人才的社会氛围

早在1977年，邓小平同志就提出[51]："一定要在党内造成一种空气：尊重知识，尊重人才。反对不尊重知识分子的错误思想。"在当前，社会中"尊重知识、尊重人才"的呼声越来越高，这一方面代表着我们离社会文明的脚步越来越近，另一方面也揭示着社会中尊重知识、尊重人才的氛围还远远没有形成。

在市场经济中利益的驱动下，高校中不少学生炒股、经商等，学校的学术氛围越来越浮躁。由于社会中存在用人制度方面的不正之风，使一些不良的价值观有所抬头。有些学生极端地认为学得好不如社会关系好，学得好与坏和找工作没有多大关系，只要个人社会关系好就行。这是由于社会中存在着就业机会不均等的现象，使得学生的学习积极性受到打击，造成学生心理失衡，使部分学生无心向学，学风日趋衰退。有些学生认为在当前不良的社会背景下，

找工作不是靠知识和能力，而是靠关系和金钱，"成绩好不如有个好爸爸"，没有钱，没有背景，努力学习了，也是白搭。社会上的一些错误观念对学生也产生负面影响，如社会中盛行的"一切向钱看"的浮躁风气，对学生的学习态度能产生消极影响。我们要努力消除社会中靠人情关系、金钱等不正当途径去取得体面工作的歪风，让学生明白只有通过个人勤奋努力，才能在竞争激烈的就业市场中获得自己满意的工作。

我们在全社会中要形成尊重知识、尊重人才的良好环境。知识是力量，人才是关键，人才是社会发展的动力。我们在社会中要充分发挥知识分子的重要作用，要纠正对待人才的一切狭隘的心态，不能排挤人才、埋没人才。要完善人才管理制度，提升人才服务质量，充分发挥他们的积极性和创造精神，国家才可能有较快的发展。逐步建立人才培养、服务、使用和激励机制，做到知人善任，人尽其才，为他们创造一个良好的工作环境、人文环境，提高他们的待遇。在国家大力提倡构建和谐社会的今天，"尊重知识、尊重人才"，是改善高校大学生学风的重要因素，更是决定中华民族兴衰成败的关键。

二、把握社会对人才需求的走向

高校某些专业所设置的教学课程不能满足社会发展的需要，一些专业课程设置和社会岗位上的要求出现偏差。因此，高校要密切关注就业市场的需求方向，通过广泛调查，得出调研成果，依据调查成果的反馈来把握社会发展的大趋势和人才需求的走向，并以此做出科学的决策，指导高校的专业课程设置。另外，高校应积极主动去加强与社会各方的联系，"社会需要什么样的产品，高校就生产什么样的产品"，这样才能培养出与社会实现良好对接的优秀人才，使学风建设具有更强的针对性。

随着社会对人才的要求越来越高，大学毕业生不仅要掌握本学科的基础知识和学科中最新的前沿知识，还要掌握其他领域的知识，这就对高校培养人才提出了更高的要求。此外，用人单位在招聘过程中更加重视毕业生是否具备实际工作的能力，他们希望毕业生能尽快胜任工作，所以，高校要加强对学生实践操作能力的指导。一些高校毕业生缺乏足够的就业能力，专业基础知识掌握得不够扎实，与人沟通能力差，缺乏足够的创新精神和主人翁意识，这些种种不足，都要引起高校工作者的重视。高校工作者要努力掌握用人单位对大学毕业生有关工作情况的批评意见，进而帮助在校大学生找出自身的不足，并对劣势及时进行弥补，使大学培养的毕业生能更好地为社会服务。当前，用人单位对毕业生的选择也发生了变化，不再将学习成绩作为录用的唯一标准，而是更加重视学生的综合素质。从单纯地要求专业对口转变为更多地注重毕业生的动手能力、社会适应能力、人与人之间的协作、交往能力等，这在一定程度上淡化了对专业的限制，一些冷门专业的大学生可以加强自己各方面素质的培养，就能在就业市场中找到适合自己的位置。如今的大学生不再是"天之骄子"，大学也越来越倾向于培养社会上的普通劳动者，而不是像以前一样大多是培养各行各业的精英。在求职过程中，大学生也要根据就业市场的现实情况去调整自己的心态，在高等教育大众化的背景下，在激烈的就业竞争中，大学毕业生不能仍视自己为社会的"精英"，如果以"精英"的心态走上社会，恐怕会出现眼高手低的情况，用人单位也不会器重这样的员工。在求职过程中，许多大学生不愿到基层单位或环境相对恶劣、地理位置相对偏远的经济落后地区就业，这势必造成人才过于集中和浪费，高校要鼓励大学生敢于走出校门、省门，到人才紧缺地区去寻找机遇，施展自己的专业才能，实现自己的人生价值。

  大学生在学习中要以市场需求为导向，适时地转变自身能力的培养方向，通过考取与专业相关的资格证书，来迎合社会的需要。大学生还要多联系实际，把所学的专业理论充分合理地进行运用。此外，在精于所学专业知识之外，还需要广泛汲取其他课外知识，努力使自己的视野开阔起来，成为知识丰富、见解独特，具有创新精神的复合型人才，这样才能增加在就业竞争中的筹码。教师要鼓励低年级的学生提前去体验校园招聘会上的激烈气氛，从而得到对求职的感性认识，提前感受就业的巨大压力，进而激发学生学习的内在动力，活跃学习气氛。

第七章　首都高职院校学风建设有效机制构建与探索

高职院校学风建设关系到高职院校的生存与发展，直接影响高职院校教学改革的推进、教学质量的提高和人才培养目标的实现。在前几章中，我们对高职院校学生的特点、首都高职院校学风现状、学风建设现状以及影响学风建设的主要因素进行了科学系统的分析和归纳。在前几章的基础上，结合以往的相关文献研究，本章节从首都高职院校的宏观环境、首都高职院校的教育教学管理和首都高职院校学生的特点三个层面来分析和探索如何构建首都高职院校学风建设的有效机制。

第一节　首都高职院校的宏观环境

本节主要从国家的方针政策和高职院校的社会评价两个方面来分析目前首都高职院校所处的宏观环境。

一、政策背景

近年来，高等教育的普及率越来越高，大学生的数量越来越多，质量却参差不齐，大学生就业难等问题屡屡进入公众的视线，成为社会热议的焦点。教育主管部门和高校开始深入思考我们的高等教育该何去何从？高等职业教育在整个高等教育体系中应该如何定位？在这种大背景之下，高等职业教育越来越受到重视，国家和地方也出台了一系列的政策措施，来推进高等职业教育的发展。

在《国家中长期教育发展和改革规划纲要（2010—2020）》中，把职业教育作为单独的一个章节提了出来，强调要大力发展职业教育，调动企业行业的积极性，增强高等职业教育的吸引力。

《国务院关于加快现代职业教育的决定（国发〔2014〕19号）》指出，近年来，我国职业教育事业快速发展，体系建设稳步推进，培养了大批中高级技能型人才，为提高劳动者素质、推动经济社会发展和促进就业做出了重要贡献。同时也要看到，当前职业教育还不能完全适应经济社会发展的需要，结构不尽合理，质量有待提高，办学条件薄弱，体制机制不畅。加快发展现代职业教育，是党中央、国务院作出的重大战略部署，对于深入实施创新驱动发展战略，创造更大人才红利，加快转变方式、调结构、促升级具有十分重要的意义。

通过这一系列相关的政策文件，我们可以看到，高等职业教育越来越多地受到重视，高等职业教育的社会功能定位也越来越明确，高等职业教育的发展前景也越来越广阔。教育的重要功能在于育人，在于培养德智体美劳全面发展的中国特色社会主义事业合格的建设者和接班人，在于培养与社会需求相契合的高素质人才，高等职业教育也不例外。那么，高等职业教育自身想要得到长足的发展，从根本上来说，还是要提高人才培养的质量，实现高职院校的人才培养目标。人才培养目标的实现关键在于人，在于使我们的学生勤学、会学、善学、乐学。

在前面的章节中，我们讲到，首都高职院校的学风现状存在一些共性的问题。因此，我们以首都高职院校所处的宏观环境为背景，从首都高职院校的学风现状出发，致力于构建和探索适用于首都院校的学风建设机制。

二、社会评价

目前，由于高职院校的办学层次定位在大专，在生源质量、师资力量、办学条件和学生的发展前景等方面，与本科院校都有一定的差距，因此，学生、家长、用人单位对于高职院校的评价相对低一些。

在高职院校就读的很多学生，要么是学习成绩一直不理想，要么是发挥失常没能考进理想的本科院校，有不少学生在学习上的消极厌学情绪比较严重，对自己未来的出路比较迷茫，对学校也没有什么归属感，对自己和学校的定位和评价相对偏低。

从家长的角度来看，由于种种原因，有一部分家长对高职教育本身不抱什么希望，对孩子在高职院校就读的态度仅仅是拿个文凭、混个学历，这种消极的态度和评价往往会对孩子本身也造成很大的影响，导致他们学习态度不积极，缺乏学习动力和信心。

从用人单位的角度来看，由于高职院校办学层次低，学生基础薄弱、学习动力不足，就业岗位供不应求等诸多原因，待遇较高的用人单位对高职院校学生往往也不是很青睐。

北京是我国高等教育资源最为丰富的城市之一，"985"工程、"211"工程等高等院校云集于此，因而，首都高职院校所处的境遇则更加尴尬，社会评价不高是首都高职院校普遍面临的一大问题。

高职院校想要提高学生、家长、用人单位等社会各界的评价，一方面要提高学生的业务能力，通过小学期、第二课堂等多种途径和形式，走进用人单位、积累时间经验，既让学生得到更全面的成长，也让用人单位更好地了解我们的学生。另一方面，关键是要从学生的学风抓起，在学校形成一种良好的学习氛围，养成良好的学习习惯，通过学风建设让他们学习充满热情、对未来树立信心，对自己有合理的定位，既不妄自菲薄，也不自暴自弃。

第二节　首都高职院校的教育教学管理

高职院校的教育教学管理是关系着学生建设情况的重要因素。本节主要以学风建设为主线，从体制机制、课程教学和学生管理三个方面来分析首都高职院校的教育教学管理情况。

一、体制机制

（一）完善学风建设工作体系，强化学生管理

学校应该从院、系两级加强学风建设，成立以教务处、学生处、团委等职能部门和各教学系（部）齐抓共管的学风建设工作队伍。同时，明确院、系职责，实行目标管理和定期考核，形成全校齐抓共管的良好局面。

（二）强化制度管理，健全和完善激励机制

注重制度管理，鼓励先进，鞭策后进，是创造优良学风的基础和保障。学校在制度建设和学生激励方面，应重点开展以下工作：规范学生的行为习惯，通过进一步完善《班级管理制度》《学生综合测评体系》和《推优入党工作程序》等一系列制度条例，推进学风建设。同时，结合违纪学生处分和学籍处理典型案例，组织学生学习《学生手册》和《学籍管理规定》，从正反两方面教育和警示学生严格自律，养成良好的行为习惯和学习风气；严格执行学籍管理有关规定，对欠学分比较多、本人又有决心补修所欠学分的学生，同所在系部与本人及学生家长签订协议，要求学生写出书面保证书，明确在规定的时间内应该补修的课程以及若达不到目标的处理意见；对所欠学分达到退学标准的，且学习不努力，经多次教育不改者，按规定给予退学处理，以示惩戒。在学生工作者制度管理方面，应制定《辅导员工作职责和考核办法》《班主任工作职责和考核办法》及相关制度，做到严格管理、科学管理与教育服务并重，实干与研究兼顾，以研究带动工作，激励学生工作者的工作积极性，充分尊重学生工作者的工作成果，对工作突出的应适当给予职务（职级晋升和物质方面的奖励，以此来促进学生管理队伍的健康、快速、可持续发展。

（三）完善高职院校学风建设体制，从制度上促进学风建设

学校应从长远利益出发，要求各部门通力合作，把学风建设作为工作的重心，形成共同育人的学习氛围。鼓励教师教书育人的积

极性，帮助学生树立明确的学习目标，将良好教风、学风、班风的建设纳入教师的基本职责，使广大教师自觉参与到校园学风建设中。

（四）建立健全学风建设运行机制

首先要完善学生的激励与约束机制，充分调动学生学习的主动性。完善学生教育管理规范，充分认识执行规章制度是学风建设的保障。结合奖惩制度，鼓励那些有进取心的学生，只要有进步，就给予一定的肯定，激发其学习的动力，以形成良好的学习氛围。对违反校纪校规的少数学生，给予严肃的处罚，以便警示教育其他学生。其次，要严肃学习风纪。没有规矩不成方圆，建设优良学风，必须要有完善的管理制度作保障，要"有章可循、违章必究"。教师要严肃教学纪律和考试纪律，对学生高标准、严要求。教学管理部门要严肃学籍管理，不断完善学分制，实施"宽进严出"，把好最后一道关。最后，要建立制度去规范学风建设，切实维护制度的权威性和严肃性，维护制度外在的威严蕴含着的崇高的境界、品格和精神。为学生的发展营造宽松、和谐、积极、向上的良好氛围，充分调动每位学生的积极性、主动性和创造性，使高职生在愉快的氛围中规范自己。

学风问题是一个系统工程，是全体师生教学行为和学习行为的综合，是学生所处客观条件与主观努力的综合，是校园物质环境和文化环境的综合。只有建立健全学风建设运行机制，多方位、多层面保障学风建设，才能从根本上推动学风建设水平的不断提高。

（五）完善校园设施，提供坚实的物质保障

校园设施为学生学习提供了坚实的物质保障，也是加强学风建设的重要物质保障。完善校园设施主要可以从以下几方面入手：

1. 完善图书馆功能。丰富与社会热点、求职相关的书籍，增加检索机的数量，并在校园网上开设咨询、检索网站。让学生能够通过多渠道广泛深入地摄取专业知识，为学生的第二课堂提供良好的学习环境，促进良好学风的形成。

2. 加大多媒体的投入，改善网络系统。搞好校园网建设，充分利用网络资源进行多媒体网络教育，使教育的模式更生动、形象，能够吸取学生的注意力，调动学生的学习积极性，形成一股良好的学习风气。

3. 进一步开放硬件设施，让学生有更多的动手实践机会，巩固所学的专业知识和专业技能，增强学习自信心，获取成就感，在学习的过程中享受到学习的乐趣。

二、课程教学

（一）以良好的教风促进学风建设

高职院校要进一步加快教学改革步伐，修订人才培养方案，完善专业设置和课程结构。要切实加强教师队伍的师德建设，健全教师管理制度，实行课堂教学教师全面负责制，建立健全教学日常巡查、课堂教学质量评估、学生网上评价教师教学质量等一系列措施来促进教风建设，从而推动学风建设。

（二）建设良好的教风和考风促进学风建设

教师是学生学习活动的引领人，良好的教风必然带来良好的学风。高职院校应加强对教师的敬业爱岗，服务奉献，热爱学生的师德教育。严抓课堂教学的管理和教学质量的监控和评估，构建公平公正的教学激励机制。另一方面，考风建设是学风建设的重要内容。在学生中加强诚信考试宣传，要求学生考试之前签订诚信考试承诺书；加强对教师的监督管理力度，提醒教师严肃对待学生考试成绩，坚决拒绝学生考试"求情"，对于考试作弊者从严惩处，努力做到通过良好的考风促使良好学风的形成。

（三）加强高职院校专业整合力度，强化专业技能培养

部分高职院校存在专业设置散乱，师资力量相对分散，不利于教学资源的优化配置。高职院校应定期进行市场调研，了解各专业学生的社会需求，进而进行专业设置及人才培养方案调整，组织优质的教学资源投入到优势专业，确保学生就业的市场竞争力；重视职业教育，强化高职专业技能培养目标，增强学生的学习动力，提

高学生的学习主动性。

（四）加快教改，以教风促学风

加快教改，树立良好的教风，以教风促学风。端正学风首先要端正教风，作为教师应努力提高教学水平，保持严谨的治学态度、崇高的治学精神，以显著的学术水平对学生起到良好的示范作用和带动作用，以自己的一言一行感染学生。同时还可以加强学分制度、选课制度和考试制度的改革，创造良好的学习环境与空间。通过让学生自主选择学习的内容和时间，可以提高学生学习的兴趣，激发学生学习的主人翁意识，增强内在学习动力，由被动学习转换为主动学习。现阶段，高职院校正推行教改，加大实训力度，学以致用，让更多学生有机会动手参与实践，有利于调动学生学习的积极性与主动性。同时，学校应加强硬件建设，在图书、计算机、科技实践设施上加大力度，为学生的学习创造良好的外部环境。

三、学生管理

（一）充分发挥辅导员（班主任）和学生骨干在学风建设中的重要作用

辅导员（班主任）、班干部及学生三者之间的关系如同伞柄、支架和布，一个再好的伞柄如果没有支架的支撑，无论如何也撑不起一片天空。辅导员（班主任）要经常深入到课堂、宿舍，关心和了解学生的学习、生活和思想情况；辅导员（班主任）作为班风建设的第一责任人应切实承担起班风建设的重要责任；学生干部、学生党员应率先垂范，积极发挥骨干作用，坚持创建优良学风从我做起，从点滴做起[1]。

（二）高度重视班风舍风对促进学风建设的基础性作用

通过定期举办学习经验交流主题班会和"学习标兵"评比，以及专业技能大比拼等多项活动来调动学生的学习热情和实践动手能力。用事实告诉学生，让学生影响学生，使同学们充分认识学习的重要性，真正把学习当作自己的事情。与家长保持密切联系，及时通报学生近期的学习生活情况，互通信息，保证信息畅通，及时调整工作方法，以适应每个学生的特点。通过开展零补考寝室活动，以寝室为阵地，让学生带动学生，全面提高学习质量。通过选拔"动漫作品设计大赛"作品给同学们提供了一个相互协作、共同进步的机会，以此为契机在所带班级再次掀起学习热潮。树先进、立榜样，充分发挥先锋模范的带头作用，以主题班团会的方式强化学生们考试不作弊的意识，唤起他们学习真本领的决心。

（三）关爱特殊学生，加强对特殊学生的管理

做好后进生的转化工作，激发特殊学生的学习热情。我们倡导在新形势下建立新型的师生关系，人格上尊重学生，感情上关心学生，工作中信任学生。通过积极为学生争取勤工助学岗位、指导帮助学生申请国家助学贷款，公开、公平分配学校各种补助等措施，帮助解决经济困难学生的实际情况和思想压力。辅导员（班主任）、学生党员和学生干部还应经常与学习成绩差和有心理障碍的困难学生交流，帮助他们树立信心，调整心态，改善学习方法，逐步提高学习成绩与综合素质。

（四）注重学生职业教育和就业指导，用多种方法营造良好的校园学习生活氛围

高职院校应以"完成学业、学会就业、体会创业"为宗旨，举办"学业、就业、创业"名家系列讲座，邀请著名企业家和优秀毕业生来校报告。同时，校团组织应大力扶持学生社团，鼓励教师参与指导社团活动，引导学生积极开展社团活动，以强化学生社团的育人功能；大力开展各类科技、技能、才艺、文体、创业等竞赛和实践活动，丰富与活跃学生课余生活，拓展学生的学习和活动空间，激发学生的学习兴趣，促进学生个性发展。

（五）开展校园文化建设

开展丰富多彩的学习活动，营造良好的学习氛围。校园文化建设是学风建设的重要载体。加强校园文化建设要从多方面着手：

1. 组织学风建设主题班会评比、学风建设辩论赛、优秀学生交

流会、优秀校友讲座、签订诚信考试协议、读书活动、学风建设师生座谈会、学风建设讲座等活动，进一步加强学风建设。

2. 开展好"身边榜样，前行力量"活动，充分发挥榜样可敬、可亲、可信、可学的优势，引导广大学生以身边榜样为标准，认真查找自身不足，努力缩小与先进典型的差距，做到"学有目标，赶有对象"。

3. 通过技能大赛和各类竞赛，锻炼学生的各项技能和素质养成，有力提升能力水平。

4. 注重学生的社会实践活动，吸引学生参与教师科研课题，开展丰富多彩的实践创新训练项目，营造良好学习氛围，促进学生良好学习风气的形成。

5. 以学生自愿参加的各类社团为依托，充分发挥社团的积极作用，通过参与各种形式的社团活动向学生渗透思想政治工作，提高学生的学习效果，培养学习课外科技兴趣，培养科研意识。

（六）培植校园文化，营造学风氛围

培植校园文化，将求真、向善、创美统一起来，把有关的知识与技能渗透到有关的教育情境、教学策略之中，能够有效地促进学校道德文化的建设和营造良好的道德氛围，以其自身的魅力去陶冶感染师生。经常举办一些学术报告、学术沙龙和讲座，在师生中广泛开展学术交流活动，营造学术氛围，增加校园文化的知识含量和科技含量，提高学生的人文素养和科学素质。以校园文化建设为依托，重视校园文化活动对师生的道德认识和情操陶冶的作用，是加强学风建设的有效途径之一，是师生活跃学术思想、激发学习动力的重要源泉。

第三节　依据学生特点，开展学风建设

一、生源状况

从首都高职院校的生源状况来看，大部分学生是北京生源，不

同生源地学生的成绩水平也参差不齐，在一些国家级示范院校或北京市级师范院校中，很多外地生源的成绩达到了当地的本科线，而有些本地的学生成绩不是很理想。这样的客观现实，一定程度上给学风建设带来了挑战，同时也从另外一个角度反映出学风建设的重要性。如何能够让成绩好的同学带动成绩一般的同学，形成良好的学习氛围，这就成为首都高职院校学风建设工作关注的一项重要内容。

二、学习动机和兴趣

与名校学生相比，高职院校学生在学习动机和兴趣上相对不足。如何激发学生的学习兴趣，培养良好的学习习惯成为高职院校开展学风建设的一项重要任务。作为高职院校的教师要深刻地认识到高职学生的特殊性以及他们本身的特点，尽可能引导这些学生的学习兴趣，不断激起学生的好奇心和求知欲。

首先，要根据"90后"学生的特点，辅导员、班主任和思政教师要加强学生的思想教育，帮助其树立科学的学习目标，培养学习兴趣，以职业生涯规划为渠道，指导学生规划好自己三年的学习生涯，使学生的目标更加明确、更加切合实际。

其次，要根据学生基础差别很大的特点，采取分层次教学的办法。对那些文科生上理科的学生，以及基础较差的学生，学院应单独组班上课。对于这些学生，教师要付出更多的爱心和耐心来指导他们学习，帮助他们度过困难期，同时指导学生党员和学生干部在学风建设中起到模范带头作用，指导优秀学生和基础差的学生组成帮扶小组。

再次，要多渠道采取措施，提高学生对现专业的兴趣，收集整理该专业毕业生的就业去向，让同学们对毕业后的可能去向有所了解，重点掌握历届毕业生在不同行业取得突出成绩的系友的相关情况，邀请专家教授、优秀校友向同学们介绍自己的学习和职业发展经历，强调除了专业学习这一因素外，综合素质、能力、计算机、英语等级证书等对与求职的重要性，特别是对于将来职业发展的重要性。

最后，要以学生为主体的教学改革，调动学生主动学习的积极性。打破传统的理论授课模式，始终坚持学生是主角，教师是设计者、组织者、指导者、合作者、主持人的原则，将课堂教学情境化，融入专业元素，全员参与，调动了学生主动学习的积极性，让自主学习的风气自发形成。

三、学习自信心和积极性

帮助学生培养自信心和学习的积极性，是加强学风建设的根本保证。这就需要教育工作者要有耐心、有热心、有方法把他们的自信心、进取心鼓舞起来，凝聚起来，为学风建设打下坚实可靠的根基。专家指出，只有培养受教育者的自尊、自信、自强、自觉、自理、自律的个性品质，才能真正提高受教育者的自主性，使其成为教育的主人、学习的主人、生活的主人。我们可以通过各种行之有效的方法，包括理想信念教育、名家名人的榜样、成功高职毕业生的示范、遵循学生身心发展规律的心理咨询和心理指导、贴近职业生涯的社会实践活动等，促使他们在学习和生活中努力克服困难，适应并热爱校园的生活，克服学习上的茫然感，增强学习积极性和生活信心。

1996年，联合国教科文组织国际21世纪委员会报告中指出："满足每个人在学习与工作中不断学习之需要的唯一出路是学会学习"。如果我们能将高职生的学习积极性激发出来，把他们引上勇于探索和求知的轨道，让他们体会到学习的乐趣和成就感，把他们的创造潜能激发出来，优良学风就能逐步形成。能够达到这样的学风境界的高职院校，肯定会在教学质量和人才市场竞争中胜人一筹。

第八章 基于年级特点构建三年一贯制高职学生培养体系——北京青年政治学院文科高职育人模式探索

第一节 北京青年政治学院"三年一贯制"培养模式

高等职业教育是我国高等教育的重要组成部分，承担着为国家经济社会发展培养高级技术型人才的任务。北京青年政治学院作为文科高职院校，一直将培养"人文素质高、社会责任感强、有一技之长"的合格高职生作为自己的人才培养目标。为充分发挥学院整体育人功能，服务学院的教育教学，确保学院的教育教学理念、教育主题和教育措施贯穿始终，取得良好的育人成效，学院立足自身实际，根据学生特点，整合资源，制定《"基于年级特点、构建三年一贯制高职学生培养体系"工作方案》（以下简称"体系"），进行文科高职育人模式的有益探索。

体系围绕学生工作系统职责范围，以学风建设为主线，以活动为载体，坚持"三立足"，即立足全员育人，探索以学生工作系统为主，相关部门密切配合的工作联动机制；立足第二课堂，兼顾第二课堂与第一课堂的衔接，注重学生社会实践；立足各系（分院、校区）师生，鼓励结合专业特点开展教育，针对不同年级特点开展教育培养工作。一年级以"适应·引导"为主题，二年级以"成长·

历练"为主题，三年级以"发展·服务"为主题，实施引航计划、树人计划、卓越计划和帮扶计划，四项计划在实施过程中互为补充，形成学生教育培养的立体式培养体系，大大促进了学生思想政治教育工作的条理化和有序性，提高了学生教育的实效，做到"三年一贯制，年年有侧重"。

一、工作目标

整合资源、突出重点、扎实推进，把学生培养成为"人文素质高、社会责任感强、有一技之长"的合格高职生。

二、工作原则

1. 立足全员育人，探索以学生工作系统为主，相关部门密切配合的工作联动机制；

2. 立足第二课堂，兼顾第二课堂与第一课堂的衔接，注重学生社会实践；

3. 立足各系（分院、校区）师生，鼓励结合专业特点开展教育。

三、工作思路

针对不同年级特点开展教育培养工作。一年级以"适应·引导"为主题，二年级以"成长·历练"为主题，三年级以"发展·服务"为主题，实施系列教育计划，做到"三年一贯制，年年有侧重"。

四、工作内容

基于年级特点，构建三年一贯制的学生教育培养体系主要包括由学院学生工作部门和各系（分院、校区）共同完成的四个计划项目。

（一）引航计划

良好的专业和职业素养是高职学生竞争力的必备因素。"引航计划"依托学生活动专业化模式，将"专业教育和职业素养教育"贯穿三个年级，一步步引领学生深入专业，掌握技能，树立职业理想和职业发展目标。

一年级开展适应性教育，帮助学生了解专业、学会学习，完成从中学到大学的转变。

1. 开展大学生学习指导
2. 开展专业认知教育
3. 开设职业生涯规划课程
4. 开展学长计划
5. 开展校规校纪及安全教育
6. 开展恋爱、择友观教育

二年级开展"专业、专攻、专长"教育，着重提升学生的专业技能。

1. 举办职业文化节、科技文化节
2. 举办"学生职业技能展示月"活动
3. 开展大学生科研训练
4. 落实"朋辈"帮扶计划
5. 组织引导学生考取专（职）业资格证书

三年级开展"择业、创业、就业"教育，着重加强学生就业技能培养。

1. 加强就业技能培训和就业个性化指导
2. 开展求职训练营及模拟面试大赛
3. 加强就业信息网络平台建设
4. 开展竞争与创新意识教育
5. 开展创业教育和创业服务

（二）树人计划

"树人计划"以培养社会主义事业的合格建设者和接班人为核心，在学生中大力倡导"爱国、敬业、诚信、友善"的价值取向，依托校园文化和学生工作组织，将"人文素养教育"贯穿三个年级，培养具有较强文化素养、良好道德修养、身心健康的学生。

一年级开展"三生教育"活动，帮助学生树立正确的生命观、生存观和生活观，使学生在人格上获得健全发展。

1. 开学典礼
2. 入学教育
3. 身体健康运动与素质拓展训练
4. 野外生存与自救互救训练
5. 阳光心理活动

二年级依托学生党团组织和学生社团，开展校园文化活动，加强美育教育，增强学生的人文素养。

1. 社团文化节
2. 高雅艺术进校园
3. 各种艺术团体活动
4. 艺术文化节
5. 传统文化教育
6. 围绕社会主义核心价值体系开展各类主题教育活动

三年级主要培养学生良好的政治和道德情操，重在职业操守教育，使学生具备准职业人的基本素质，做好进入社会前的准备。

1. 实习纪律教育
2. 文明离校教育
3. 毕业晚会和毕业活动
4. 毕业典礼
5. 开展职业道德、诚信和廉洁教育活动

（三）卓越计划

北京青年政治学院以"青年"和"政治"为办学特色。卓越计划依托学生社会实践，将"社会责任感教育"贯穿三个年级，培养一大批具有中国特色社会主义理想信念，践行社会主义核心价值观，政治上积极要求进步，有较强的社会责任感的卓越高职生。

一年级依托学生班级和学生团体，着重培养学生的团队与集体意识。

1. 开展党团主题教育活动

2. 开展学生入党积极分子培训

3. 开展团学组织骨干培训活动

4. 开展团队意识教育活动，创建优秀班集体和优秀团支部

5. 开展感恩教育活动，培养学生感恩意识

二、三年级依托学生志愿者服务和社会实践活动，着重培养学生实践与服务社会意识。

1. 开展各类志愿者团队活动

2. 基于专业优势开展社区或专业服务

3. 开展党支部红色"1+1"共建活动

4. 开展寒暑假社会实践活动

5. 开展学习型宿舍创建与评比

三年级依托毕业生评奖评优活动，着重培养学生的担当与成就意识。

1. 开展主题班会或团日活动

2. 开展社会实践总结及表彰

3. 开展毕业生跟踪调查活动

4. 开展奖学金及优秀毕业生的评选活动

（四）帮扶计划

帮扶计划围绕"不放弃一个学生"的目标，建立学校范围的帮扶体系，三年中坚持对有严重学习问题、纪律问题、经济问题和身心疾患的学生，按照"一人一策、一人一组"的原则，落实帮扶措施和责任，努力服务每一名学生的成长。

1. 注重学生心理问题的筛查，加大心理辅导的力度

2. 加强贫困生数据库建设和维护

3. 增加学生勤工助学岗位的投放，提供勤工助学机会

4. 深化辅导员深度辅导，坚持辅导员、班主任进宿舍制度

5. 开展形式多样的扶贫济困活动

五、工作实施

(一) 工作机构

基于年级特点,构建三年一贯制高职学生教育培养工作由学院学生工作委员会统一领导实施,办公室设在党委学生工作部(学生处),负责统筹、组织、协调各项活动的完成、督查和评估等工作。

(二) 工作方式

采取学生工作部门与相关职能部门、各系(分院、校区)各司其职、各负其责,统分结合的工作方式。

(三) 工作评估

本方案中的四个计划项目纳入学生工作考评体系,作为学生工作综合考评的重要评选依据。

表8-1 北京青年政治学院"基于年级特点 构建三年一贯制高职学生教育培养体系"工作明细表

	一年级	二年级	三年级	备注
引航计划	(1) 开展大学生学习指导 (2) 开展专业认知教育 (3) 加强职业生涯规划课程 (4) 开展学长计划 (5) 开展校规校纪及安全教育 (6) 开展恋爱、择友观教育	(1) 举办职业文化节、科技文化节 (2) 举办"学生职业技能展示月"活动 (3) 开展大学生科研训练 (4) 落实"朋辈"帮扶计划 (5) 开展专业资格证获取活动	(1) 加强就业技能培训和就业个性化指导 (2) 开展求职训练营及模拟面试大赛 (3) 加强信息网络平台建设 (4) 开展竞争与创新意识教育 (5) 开展创业教育和创业服务	按照工作方案,学生工作部门、相关职能部门、系(分院、校区)在工作范围内自主开展相应工作
树人计划	(1) 开学典礼 (2) 入学教育 (3) 身体健康运动 (4) 野外生存与自救互救训练 (5) 阳光心理活动	(1) 社团文化节 (2) 高雅艺术进校园 (3) 各种艺术团体活动 (4) 艺术文化节 (5) 传统文化教育 (6) 围绕社会主义核心价值体系开展各类主题教育活动	(1) 实习纪律教育 (2) 文明离校教育 (3) 毕业晚会和毕业活动 (4) 毕业典礼 (5) 开展职业道德、诚信和廉洁教育活动	

续表

	一年级	二年级	三年级	备注
卓越计划	（1）开展党团主题教育活动 （2）开展学生入党积极分子培训 （3）开展团学组织骨干培训活动 （4）开展团队意识教育，创建优秀班集体和优秀团支部 （5）开展感恩教育活动，培养学生感恩意识	（1）开展各类志愿者团队活动 （2）开展基于专业优势的社区或专业服务 （3）开展党支部红色"1+1"共建活动 （4）开展寒暑假社会实践活动 （5）开展学习型宿舍创建与评比	（1）开展主题班会或团日活动 （2）开展社会实践总结及表彰 （3）开展毕业生跟踪调查活动 （4）开展奖学金及优秀毕业生的评选活动	按照工作方案，学生工作部门、相关职能部门、系（分院、校区）在工作范围内自主开展相应工作
帮扶计划	1. 注重学生心理问题的筛查，加大心理辅导的力度 2. 加强贫困生数据库建设和维护 3. 增加学生勤工助学岗位的投放，提供勤工助学机会 4. 深化辅导员深度辅导，坚持辅导员、班主任进宿舍制度 5. 开展形式多样的扶贫济困活动			

第二节　北京青年政治学院"三年一贯制"取得的成效

北京青年政治学院在构建学风建设有效机制的过程中，经过长期的理论科学论证和实践经验积累，探索出一条以学风建设为主线，以学生活动为载体，适合学院特点的学风建设"三年一贯制"培养模式。

一、顶层设计，全面推进，重点突破，加强育人工作的体系建设

"体系"力图运用顶层设计理论，通过自上而下、自高端至低端

层层系统推进的设计方法，完善育人模式，指导学院各系（分院）学生工作，提升高职院校的育人效果。

"引航计划"是体系的基础，也是学院进行育人的前提。良好的专业和职业素养是高职学生竞争力的必备因素。"引航计划"依托学生活动专业化模式，将"专业教育和职业素养教育"贯穿三个年级，一步步引领学生深入专业，掌握技能，树立职业理想和职业发展目标。一年级开展适应性教育，帮助学生了解专业、学会学习，完成从中学到大学的转变。二年级开展"专业、专攻、专长"教育，着重提升学生的专业技能。三年级开展"择业、创业、就业"教育，着重加强学生就业技能培养。

"树人计划"是体系的主要内容，以培养社会主义事业的合格建设者和接班人为核心，在学生中大力倡导"爱国、敬业、诚信、友善"的价值取向，依托校园文化和学生工作组织，将"人文素养教育"贯穿三个年级，培养具有较强文化素养、良好道德修养、身心健康的学生。一年级开展"三生教育"活动，帮助学生树立正确的生命观、生存观和生活观，使学生在人格上获得健全发展。二年级依托学生党团组织和学生社团，开展校园文化活动，加强美育教育，增强学生的人文素养。三年级主要培养学生良好的政治和道德情操，重在职业操守教育，使学生具备准职业人的基本素质，做好进入社会前的准备。

"卓越计划"是学院育人工作的重点。北京青年政治学院以"青年"和"政治"为办学特色，卓越计划依托学生社会实践，将"社会责任感教育"贯穿三个年级，培养一大批具有中国特色社会主义理想信念，践行社会主义核心价值观，政治上积极要求进步，有较强的社会责任感的卓越高职生。一年级依托学生班级和学生团体，着重培养学生的团队与集体意识。二、三年级依托学生志愿者服务和社会实践活动，着重培养学生实践与服务社会意识。三年级依托毕业生评奖评优活动，着重培养学生的担当与成就意识。

"帮扶计划"是学院育人工作的重要组成部分，围绕"不放弃一个学生"的目标，建立学校范围的帮扶体系，三年中坚持对有学业困难、纪律问题、经济困难和身心疾患的学生，按照"一人一策、一人一组"的原则，落实帮扶措施和责任，努力服务每一名学生的成长。通过增强辅导员深度辅导力度，进行座谈走访，开展学习指导，实施学长计划等措施帮助学生解决学业和纪律问题；通过开展形式多样的扶贫济困活动，解决经济困难学生后顾之忧；通过对学生进行心理问题筛查，开展一对一心理咨询和疏导，助力学生成长成才。

二、立足院系特点，发挥专业优势，创新活动形式，提高育人工作实效

自"体系"实施以来，各系（分院）认真分析自身特点，积极探索有效路径，努力创新活动形式，认真落实四项计划，以计划指导实践，以实践完善计划，取得了良好成效。

（一）梳理工作思路，指导育人实践

"体系"不仅高屋建瓴地指明了教育教学工作的方向，而且全面具体地构建了教育教学实践的框架体系，广泛地涵盖了学生工作的方方面面。在"体系"贯彻实施的过程中，学生工作干部最大的体会就是工作思路更加明确，教育教学实践也有了依据。

在"体系"的指导下，四项计划开展得如火如荼。在"引航计划"中，学长计划的形式和内容不断创新，成为各系（分院）开展教育教学实践工作的常规模式；职业资格获取活动使得各系（分院）在相关职业资格证书的考取方面达到了新的水平。在"树人计划"中，校运动会和宿舍文化节活动成为开展身体健康运动和校园文化建设的重要契机。在"卓越计划"中，志愿者活动成为开展社会实践、培养社会责任感的重要途径。在"帮扶计划"中，仅2013年上半年就共资助学生23942人次，投入资金7034277元；学院的心理咨询中心接待咨询学生个体咨询78人次，开展团体辅导36人次，开展心理委员培训80多人次，重视对学生心理健康问题的关注和辅

导，也已在各系（分院）达成共识。

（二）利用专业优势，创新活动形式

各系（分院）在认真贯彻落实"体系"要求的同时，根据自身情况，充分利用现有资源，通过专业优势创新活动形式。所学专业与所开展活动的紧密结合不仅使得培养方式更具新意，而且使得活动本身更接地气，更能够充分调动学生参与的积极性。

在"引航计划"中，法律系利用法学专业优势，将普法教育与安全教育融合，开展法律安全教育实践活动；文秘系通过举办秘书节系列活动，如摄影比赛、公文写作比赛、PPT演讲比赛等与文秘职业技能相关的比赛，来激发学生对所学专业的兴趣和热情。在"树人计划"中，青少系利用青少年工作与管理专业在青少年素质拓展方面的专业优势，组织学生成立"阳光青少拓展队"开展实践活动，并组织团学干部参加户外安全技能培训，来培养学生的安全意识，增强学生的生存和自救能力；艺术系秉承"寓思想教育与艺术教育之中"的理念，利用艺术设计专业优势开展"放飞梦想奔前程"毕业设计作品展，增强学生人文素养。在"卓越计划"中，管理系通过开展松堂临终关怀医院志愿服务团队活动和安民打工子弟小学志愿服务活动，英语系通过开展"'市民讲外语'进行业进社区"等社会实践活动，来培养学生的实践和服务社会的意识。在"帮扶计划"中，社工系利用心理学专业优势，开展快乐宿舍工作坊——人际关系团体辅导活动。

（三）以年级为着力点，有重点、分层次地开展计划

在我校构建的育人模式中，基于年级特点开展工作是重点。以往的工作显示，用同样的内容和方法进行全院统一的学生活动和工作，用同一个模式去塑造学生而不考虑不同年级学生的身心和思想状况差异，特别是个体的差异，使工作难免缺乏应有的针对性。结果常常表现为表面上看很重视，轰轰烈烈，齐抓共管，但实际上往往许多学生对工作并不认可和接受，造成效果不理想，有时甚至出现非常尴尬的局面。其次，从不同年级学生的特点看，也有着较强

的差异性。"体系"注重对大一新生的入学教育工作，将新生教育从入学教育周延长到大一整个学年，注重加强适应性、理想、道德及行为养成教育；大二学生是学校开展各项工作和活动的骨干力量，也是优秀学生培养的关键时期，大三毕业生则较多关注就业方面的技能和知识的培训。再者，如果育人工作只有活动，缺乏规范不成体系，就难免造成由于学生工作干部发生变化而产生不连贯性，影响工作效果。因此，以年级为着力点，制定科学的分年级、分重点和层次进行思想政治教育，挖掘不同年级大学生的优势潜能，调动各年级大学生接受教育的积极性和主动性，对提高育人工作的质量和效果产生了较好的促进作用。

在"体系"的实施过程中，管理系学生工作负责人认为，将学生工作简化区分为针对一、二、三年级学生开展工作的具体要求和内容，加以贯彻和落实，在教育教学实践中更便于操作和执行。传播系采取"分层分区"的方法开展学生工作，所谓分层，即把学生工作系统分为学生工作领导小组、辅导员班主任、团学组织、班团组织和学生个体五个层级，每个层级承担不同的职责和任务；所谓分区，即是把所有的工作任务按主题划分，加强工作设计和策划，由团学组织和班团组织根据承担的职责分块落实；按照这一方法，传播系各个层面在各自的区域中，较好地完成了既定的各项工作任务。

三、学生工作日益规范，全员育人成效显著

自"体系"贯彻实施以来，"体系"所传达的精神深入人心，在全体学生工作干部中形成了广泛共识。按照"体系"的要求，通过不断的探索和实践，我院学生工作日益规范化、体系化、科学化，全员育人取得显著成效，很好地推进了我院育人工作的发展。

（一）引航计划引领学生成长

大一新生猛然脱离家庭和中学的"全面管理"，面临独立生

活，是心理问题和学业危机的高发阶段。有统计显示，大一新生易出现的心理问题中，有关人际关系、两性关系的所占比例最高。为此，我院为新生男女生分别开设了有关人际交往的系列讲座，例如，讲座《朝阳的爱情》，主要给这些刚成年的年轻人讲"责任"二字，教他们在刚开始的独立生活中，包括两性关系上树立责任观念。每次开讲时，有近百座位的大教室里总能坐满，中途没人讲话、没有人睡觉、没有人离席。主讲教师说，经常有学生在讲座后私下来找他，诉说心里的困惑，甚至让他在谈恋爱的细节上"帮忙出出主意"。

入学教育是引航计划的重要环节。学院在入学教育中引入团体辅导的内容，通过对学生进行团体心理辅导，引导学生加快完成角色转变，加强学生的团队意识，增强班级凝聚力。

此外，大一新生还开展了内容涉及认知教育、职业生涯规划、安全教育、恋爱择友观教育等诸多方面的讲座和活动，目的就是帮助新生了解专业、学会学习、学会保护自己，完成从中学到大学的适应性过渡。

"引航计划"这一系列活动的开展，引起了学生对诸多重要问题的关注，指导教师也获得了学生们的信任。教育"以学生为本"，学生的关注和信任就是"引航计划"成效最生动的证明。

(二) 树人计划、卓越计划助力学子腾飞

"树人计划"依托校园文化和学生工作组织，倡导"爱国、敬业、诚信、友善"的价值取向，注重学生人文素养的提高；"卓越计划"依托社会实践活动，注重学生社会责任感的培养。

在学院"树人计划"和"卓越计划"的培养下，一大批品学兼优的学生脱颖而出，成为"学子榜样"，也为学院的育人工作画上了浓墨重彩的一笔。法律系2013届毕业生杨春杰，是以高出二本线的成绩从河南考入我校的。入校之后，法律系在学院的支持下有意识地从专业学习、社会工作、技能大赛等方面加大对她的培养力度，杨春杰同学也不负众望，学习优异，获得国家励志奖学金、国家奖学金、首都大学生"学子阳光"奖学金；多次参加各级各类比赛，获得2013年北京高校"我的梦·中国梦"演讲比赛三等奖；在社会实践方面，积极从事志愿服务，在毛主席纪念堂做志愿者，为经济困难老人进行法律援助等；在首都大学生新世纪英才学校学习期间，去延安革命老区做社会实践，去西安空军工程大学、西安交通大学交流学习；在团中央的领导下赴韩国参加第六届中日韩三国青年友好会见活动。杨春杰本人荣获2013届市级优秀毕业生和2013年学院优秀共产党员称号，即将升入北京联合大学法律系就读本科。

传播系影视制作2013届毕业生崔松松刚入学时并不出众，而且家庭经济困难。为帮助他勤工俭学，系里每次有外出拍片、制作节目的机会都带上他。很快教师们发现，这个小伙子在多媒体视频制作方面颇有天赋。于是，系里的专业教师为他提供课外指导，专业机器也都向他开放，崔松松获得了更多动手实践的机会。学院对他的帮扶很快有了成果：他以外地学生在北京生活、心理状态为主题制作的视频《北青相对谈》，获得了第五届国家示范高职成果展示会"备受关注案例奖"；在中国网络电视台"校园新闻联播片头"的有奖征集中，他的作品获得三等奖。今年毕业的崔松松已经"专升本"，即将升入北京联合大学新闻与传播系就读。

文秘系2013届毕业生张获大学期间荣获北京市优秀团干部、北京市优秀毕业生、院级奖学金、优秀学生干部等荣誉，曾在学院广播站20周年站庆、中俄文化交流活动汇演等活动中进行舞蹈表演。

社工系2013届毕业生佟璐学习成绩优异，担任院学生会体育部副部长、院团委组织部部长期间，成功组织开展多项活动，受到教师同学的肯定，先后荣获院级优秀学生干部、北京市优秀团员、院级奖学金以及北京市优秀毕业生等多项荣誉。

青少系2011级学生侯晨辉以二本线成绩考入我院，学习认真刻苦，品学兼优，荣获国家励志奖学金、优秀团员、学习标兵等称号，参加学院多项比赛获一等奖，目前为中共预备党员。

在学院树人计划、卓越计划的培养下，一大批品学兼优的学生脱颖而出，成为"学子榜样"，也为学院的育人工作画上了浓墨重彩的一笔。

学院及各系（分院）积极组织学生开展社会实践，11个学生党支部与基层党支部开展红色"1+1"支部共建活动，支援基层建设。2012年我院法律系学生党支部获北京市红色"1+1"活动三等奖。2013年我院5名学生荣获北京市"挑战杯"比赛三等奖。2012年我院1500余名学生参加各级各类职业技能竞赛，取得突破性成绩：2012年北京市高等职业院校技能大赛共有会计技能等23个项目，来自24所院校的200余支参赛队参加了比赛。我院学生共获得一等奖2项、二等奖2项、三等奖4项；其中，代表北京市参加全国职业院校技能大赛3队，获得二等奖1项，三等奖2项。选派代表参加"北京市高职技能大赛英语口语竞赛"，获得二等奖2项；社工系学生首次参加"第三届全国职业院校民政职业技能大赛"，获得三等奖1项。2013年1~7月，学院共派出25支代表队，66名选手共参加北京市高职院校技能大赛的11类竞赛项目，最终有7支队伍入围全国职业院校技能大赛。

（三）帮扶计划为学生成才插上翅膀

"帮扶计划"围绕"不放弃一个学生"的目标，按照"一人一策、一人一组"的原则，建立学校范围的帮扶体系，帮助那些在经济、身心、学习和纪律等方面有困难、有问题的学生。

建立学生资助体系，为学生解决后顾之忧。学院建立了一整套"奖、助、贷、勤、补、免"六位一体、多种形式有机结合的资助体系，实现了从入学前到毕业后的全程资助。三年来，资助金额从2010年的330多万元提高到2012年的370多万元，受助学生面达到60%以上。经济上的困难解决了，学生才能更安心地学习，更专注于自身的成长和发展。

辅导员进宿舍，打造帮扶计划基地。辅导员进宿舍是"帮扶计划"的重要组成部分，辅导员以学生宿舍为载体，通过深度辅导的方式，加大与学生的沟通力度和频度，取得了良好的效果。管理系一名学生入学后出现了比较严重的抑郁症状。医院确诊后，院系领导共同制定了帮扶方案：辅导员每天至少到宿舍与他沟通一次；同宿舍的6名舍友时刻关心着他，主动找他聊天、约他一起上自习或运动。住在这间宿舍的系学生生活部部长和辅导员，随时可以就他的问题与系总支书记保持联络。利用他文笔出众的特点，院系领导积极帮他联系校刊和社会刊物。一年多下来，该生和系学生生活部部长结下了深厚的友谊。前来探望的该生的父母惊讶地发现，儿子不仅病情稳定了，而且"话比以前多了，跟辅导员和舍友说的话比跟我们都多，学校真是成了他的第二个家了"。该生的情况只是辅导员进宿舍制度成效的一个缩影，其实这一制度优势不仅体现在对危机情况的处理，还体现在对学生潜在问题的预防。辅导员带着目标进宿舍、带着问题进宿舍、带着爱心进宿舍，通过与学生沟通交流，及时发现问题、解决问题，润物细无声地对学生身心和学习等方方面面进行帮扶。

"帮扶计划"的实施使诸多学生从中受益，使他们摆脱了来自经济、身心、生活和学习等多方面的束缚，从而为他们的成长成才插上了翅膀，让他们能够在学业和事业上飞得更高更远。

总的来说，"体系"实施以来，各单位贯彻实施方面积极主动、特色鲜明，我院的育人工作成效显著。学生工作干部将"体系"的精神和要求贯彻到教育教学实践的方方面面，同时，又不断地总结经验教训、深化对"体系"的理解和认识、丰富"体系"的内涵，用于指导新的育人实践，形成了"体系指导实践，实践完善体系"的良性发展模式。

我院"基于年级特点、构建三年一贯制高职学生教育培养体系"还正处于不断探索的阶段，需要各单位齐心协力、不懈努力、勇于实践、开拓创新，不断深化认识、强化落实，以更饱满的热情和更积极的实践把"体系"建立得更加科学、丰富、完善。

第三节 北京青年政治学院"三年一贯制"学生工作案例

一、法律系2013—2014学年贯彻落实"三年一贯制"学生工作总结

根据《北京青年政治学院"基于年级特点 构建三年一贯制高职学生教育培养体系"工作方案》和法律系相关实施细则，结合本学年来的工作体会和以往工作经验，现总结如下：

（一）法律系2013—2014学年学生工作回顾

依据学院文件和法律系相关实施细则，在学院学生工作部门指导下，法律系稳步推进各个年级的学生工作。

1. 一年级以"适应·引导"为主题

（1）新生入学教育：新生入学教育阶段法律系共组织系主任、党总支副书记前往东校区进行入学教育8个场次。

（2）开展学长计划：组织三年级优秀学生、往届优秀毕业生、大二团学干部共计四个场次进行新老生学习、生活交流活动。

（3）举办法律安全知识讲座：法律系以学生大会、学生干部培训等形式组织学生举办安全知识讲座3场次。

（4）优秀事例、违纪事例集体教育讲座。

（5）开展速录比赛：5月27日，我系在东校区机房举办了2013级速录比赛，比赛贯彻了我院"三位一体"的人才培养模式，以赛促学，从一年级抓起。

（6）开展身体健康运动和阳光心理活动：4月16日，法律系2012级团学干部赴东校区与大一学生举办趣味运动会，运动会增强了学生们的身体素质，增进了同学之间的默契和友谊，丰富了学生的课余生活。

（7）开设职业生涯规划课程：由祁志钢教师和胡剑教师担任主

讲教师，对大一新生开展职业认知教育、职业生涯规划、恋爱、择友观教育。

（8）开展"我的家乡 我的民族"学生系列演讲活动：9月25日，我系2011级回族学生敏雪茹、2012级土族学生辛春秀和2013级藏族学生吉毛太进行了以"我的家乡 我的民族"为主题的系列演讲和介绍活动，此次活动增进了汉族学生对少数民族的了解和认同。

（9）帮扶计划：2013级新生入学之初，我们就建立了贫困生数据库，我系2013级学生有12名同学获得国家一等、二等助学金，有4名学生参加东校区勤工助学，我系对家庭贫困学生，在生活和学习上，给予了不同程度的帮扶。

2. 二年级以"成长·历练"为主题

（1）举办速录职业技能文化节（校内校外）：3月31日，开展法律系第二届"巧手杯"速录技能大赛并组织在校学生参加2014年北京市文秘速录技能比赛。

（2）开展速录师专业资格证书获取活动：6月29日，组织学生参加2014年北京市"职工技协杯"职业技能竞赛速录师资格考证，我系34人获得国家速录师资格证书（5级），达到了以赛促学的目的。

（3）举办第四届"清正杯"法律知识交通安全专题竞赛：10月份，我系举办第四届"清正杯"法律知识交通安全专题竞赛，参赛规模和水平超过上届，达到了预期的普法效果。

（4）参与大学生科研活动：4月，我系动员学生参加北京市"首创杯"大学生创业大赛、"挑战杯"科技作品大赛、图书馆书香校园征文、中国梦征文、学风建设征文等活动，在奖项数量和质量上取得了很大收获。

（5）开展宿舍文化节活动：3月，我系和青少系一起组织开展以"温馨之家，创意生活"为主题的宿舍文化节，并鼓励学生创作"我的宿舍我的家"主题征文，活动充分调动了学生的积极性，发挥学生的奇思妙想，展现学生的动手能力，共同营造良好的生活氛围，构建和谐的寝室文化。

（6）开展群众路线教育实践活动：法律系学生党支部于9月6日开展了以"坚持人民至上，贯彻群众路线"为主题的学习会，本次活动坚定了学生党员"为人民服务"的理想信念。

（7）开展暑期社会实践活动：2013年7月至9月，我系学生党支部在暑期社会实践活动中，一个团队被评为"市级优秀团队"，四个团队被评为"市级优秀成果"。

（8）开展12.4普法系列活动：活动分为四个模块，分别是"普及消防知识 预防火灾发生""弘扬法制精神 构建和谐社区""远离烟草毒品 共建良好校园环境""普及物权知识 走进阳春光华社区"，这次活动让学生在实践中得到了锻炼，在实践中丰富了知识；也使居民群众近距离接触了《物权法》，进一步了解怎样维护自己的合法财产，提高了维权意识。

（9）开展学雷锋志愿服务活动：3月5日法律系师生开展了以"学习雷锋精神，践行志愿梦想"为主题的志愿服务活动。利用学雷锋日的契机，进一步弘扬雷锋精神，增强了同学们的志愿服务意识，使学生们更深层次地把握和理解学习、发扬雷锋精神的重要意义。

（10）开展"3·15"普法宣传活动：3月14日，我系到花家地南里社区开展了以"倡导诚实守信、共创消费和谐"为主题的普法宣传活动。本次普法活动，使社区居民了解了自己的权利义务，懂得如何运用法律武器维护自身权益，同学们也把学到的东西运用到实际生活中来，达到了学以致用的目的。

（11）开展党日活动和团日活动：我系分别开展了"我的信仰"主题团日活动、"坚定理想信念——学习十八届三中全会精神和习近平总书记重要讲话"主题的党日活动、"品味青院发展历史 继承青院传统文化"主题党日活动，党日活动和团日活动的开展，有助于同学们思想政治素质的提高，有助于同学们树立了正确的人生观、价值观，有助于同学们坚定内心深处的荣誉感和使命感。

（12）开展党风廉政宣传教育活动：5月29日，我系组织部分师生党员和入党积极分子参观了"高等教育领域职务犯罪警示教育展",胡剑教师结合课堂法律知识对展板内容进行了详解,让大家对党风廉政建设有了更深层次的理解。此次活动让师生党员和入党积极分子认识到"自警、自省、自重、自律"的重要性,进一步正世界观、正人生观、正权力观、正政绩观。

(13)组织学生参与"北京市大学生交通安全辩论赛":12月2日,我系积极组织学生参与"北京市大学生交通安全辩论赛",我院辩论队在决赛中惜败中国政法大学辩论队,荣获亚军。

(14)帮扶计划:我系2012级学生有11名同学,获得国家一等、二等助学金,有4名同学参加学院勤工俭学。

3. 三年级以"发展·服务"为主题

(1)召开就业培训会:9月25日,我系为即将毕业的2014届毕业生讲解了政策法规、就业去向、如何查询招聘信息、如何制作简历以及三方协议和劳动合同的重要性。

(2)举办校友论坛讲座:10月18日下午,我系2013届毕业生白雪在模拟法庭举办以"升学与就业"为主题的交流讲座。

(3)承办北京市法院系统书记员考试:11月4日,北京市法院系统书记员考试在3209教室举行,我系16名学生一次性通过考核。我系今年为北京市法院系统输送30名"人文素质高、社会责任感强、有一技之长"的合格高职生。我系始终坚持和实践"人文素养、一技之长、社会责任感"三位一体的人才培养模式。

(4)召开实习说明会:11月1日,我系召开实习说明会,会上系主任和党总支副书记,强调了实习纪律和注意事项。

(5)开展就业指导活动:胡剑教师历时两个月时间通过对2014届应届毕业生逐个谈话,对2014届应届毕业生就业意向进行了摸底,并予以了就业指导。

(6)开展优秀毕业生评比活动:6月初,我系积极组织优秀毕业生评比活动,按照学院要求,推选出市级优秀毕业生4名、院级优秀毕业生10名。以优秀毕业生作为就业榜样,以榜样的影响力促进就业。

（7）搭建信息网络平台，服务学生就业：针对我系学生外省学生较多，通过建立毕业班QQ群，使就业工作信息化，保证了就业信息及时传递给学生，特别是方便了生源地是省外和打算到外省工作的毕业生。

（8）毕业后未就业学生的就业工作：7月初，加强与毕业的学生经常联系，增进与毕业学生的感情，把适合学生的用人信息及时传达给学生，使学生在离校后仍然感到学校的温暖，对收集就业证明材料也起到了良好的促进作用。

（9）帮扶计划：我系2011级学生获得国家一等、二等助学金共16人，获得北京市就业补助学生共10人。

（二）工作中存在的不足及改进的意见

这一年里，我系学生工作取得了一定的成绩，但也存在一些问题和不足：

1. 对于学生日常行为管理上，力度还不够强。我系将建立和完善《法律系学生日常行为条例》，加大人员配备力度，要求各项规章制度落实到位。

2. 学风建设的机制还需进一步加强，目前部分学生旷课现象比较严重，我系对违规违纪学生将严格按照校规校纪处理，不偏袒、不徇私，发现一起，上报一起，处理一起。

3. 对毕业生的思想教育尤其是就业观念的教育还不够深入。我们将从新生入校起就要进行有关的就业指导及培训工作，使他们能够对自身准确定位并树立起正确的价值观，为以后的就业打好基础。

4. 三个年级学生活动开展不均衡。以大二居多，以后要有针对性地加强对大一的"适应·引导"工作，加强对大三的"发展·服务"工作。

（三）2014—2015学年工作展望

在今后的工作中，我们将针对上一学年工作中的不足，吸取经验教训，按照改进意见，继续努力，提高学生管理的科学化，努力争创佳绩，不断加强研究，在高等教育大众化的形势下，大胆开创学生工作的新局面，为法律系更好地发展，为法律系的美好明天，我们将继续为之奋斗！

附件：法律系"基于年级特点 构建三年一贯制高职学生教育培养体系"工作明细表

表8-2 法律系"基于年级特点 构建三年一贯制高职学生教育培养体系"工作明细表

	一年级	二年级	三年级	备注
领航计划	(1) 开展大学生学习指导 (2) 开展专业认知教育 (3) 加强职业生涯规划课程 (4) 开展学长计划 (5) 举办法律安全知识讲座 (6) 开展恋爱、择友观教育	(1) 举办速录职业技能文化节 (2) 举办"学生职业技能展示月"活动 (3) 开展参与大学生科研活动 (4) 开展速录师专业资格证书获取活动	(1) 召开就业培训会 (2) 举办校友论坛讲座 (3) 开展就业指导活动 (4) 搭建信息网络平台，服务学生就业 (5) 开展竞争与创新意识教育 (6) 开展创业教育和创业服务	(1) 承办北京市法院系统书记员考试 (2) 承办2014年北京市"职工技协杯"职业技能竞赛
树人计划	(1) 开学典礼 (2) 入学教育 (3) 开展身体健康运动和阳光心理活动 (4) 开展"我的家乡我的民族"学生系列演讲活动 (5) 优秀事例、违纪事例集体教育讲座	(1) 举办第四届"清正杯"法律知识交通安全专题竞赛 (2) 开展宿舍文化节活动 (3) 开展群众路线教育实践活动 (4) 开展党风廉政建设宣传教育活动	(1) 召开实习说明会 (2) 文明离校教育 (3) 毕业晚会和毕业活动 (4) 毕业典礼 (5) 开展职业道德、诚信和廉洁教育活动	

续表

	一年级	二年级	三年级	备注
卓越计划	(1) 开展党团主题教育活动 (2) 开展学生入党积极分子培训 (3) 开展团学组织骨干培训活动 (4) 开展团队意识教育，创建优秀班集体和优秀团支部 (5) 开展感恩教育活动，培养学生感恩意识	(1) 开展学雷锋志愿服务活动 (2) 开展"12·4"普法系列活动 (3) 开展"3·15"普法宣传活动 (4) 开展法律系学生党支部与高家园社区党支部红色"1+1"共建活动 (5) 开展暑期社会实践活动 (6) 开展学习型宿舍创建与评比 (7) 组织学生参与"北京市大学生交通安全辩论赛"	(1) 开展主题班会、党日活动和团日活动 (2) 开展社会实践总结及表彰 (3) 开展毕业后未就业学生的就业工作服务 (4) 开展奖学金及优秀毕业生评比活动	(1) 承办北京市法院系统书记员考试 (2) 承办2014年北京市"职工技协杯"职业技能竞赛
帮扶计划	1. 注重学生心理问题的筛查，加大心理辅导的力度 2. 加强贫困生数据库建设和维护 3. 增加学生勤工助学岗位的投放，提供勤工助学机会 4. 深化辅导员深度辅导，坚持辅导员、班主任进宿舍制度 5. 开展形式多样的扶贫济困活动			

二、英语系2013—2014学年"三年一贯制学生教育体系"工作总结

英语系根据《北京青年政治学院"基于年级特点，构建三年一贯制高职学生教育培养体系"工作方案》（院党发［2013］1号）文件精神，结合英语系实际情况，制定了相关实施细则，实施一年多来，已经收到初步成效，现将2013—2014学年开展工作汇报如下：

（一）英语系通过开展"引航计划"培养学生良好的专业和职业素养，依托学生活动专业化模式，将"专业教育和职业素养教育"

贯穿三个年级，引领学生逐步深入旅游英语专业，掌握知识技能，树立职业理想和职业发展目标。

1. 英语系在一年级（2013级）开展学习方法、工作方法指导教育，2013年10月和2014年4月，由系团总支学生会组织了新老学生学习工作交流会，帮助学生了解旅游英语专业教育，学会学习，学会工作。交流会上，二、三年级学生帮助一年级同学分析考取英语AB级、四六级证、导游证、翻译证、高级口语证等证书的重要性，并重点介绍考试的相关问题；新老生围绕"如何拥有一个有意义的大学生活""如何做好学生干部"，以及如何做好运动会的筹备工作等话题进行了交流讨论。2013年12月组织学生参加英语B级考试，参考率为100%，通过率98.6%。2014年3~6月，英语系领导班子成员深入一年级学生中开展一对一的学习交流指导工作，了解学生的学习习惯和学习效果，并对大家进行职业生涯规划指导。

2. 英语系在二年级（2012级）开展"专业、专攻、专长"教育，尤其注重课证结合教育，2013年11月组织学生参加导游证、商务英语证书考试，12月组织学生参加英语四级考试。2014年鼓励学生参加翻译证书、公共英语、北京英语水平考试，着重提升学生的专业技能。2013年12月英语系启动小语种系列培训活动，以法语入门与法国文化为主题展开，培训活动聘请中国社会科学院国际文化教育中心海外业务负责人主讲，该项培训与北京市内景点景区、在京出国留学机构等校外实训基地项目配套实施，努力帮助学生适应职场工作领域里多元文化交际的环境。

3. 对三年级（2011级）促进就业的教育，着重加强学生就业技能培养，首次组织三年级学生参加旅游咨询师（初级）考试，报名的11名学生通过率达到100%，提高了毕业生的双证书率和就业竞争力。对毕业班学生开展就业教育和就业指导，召开毕业生就业动员会、就业指导课、顶岗实习部署会，引导学生结合专业学习积极规划个人职业生涯。

4. 英语系在2014年组织和参加了一系列英语类和旅游服务类的

北京乃至全国的重要比赛，主要包括以下项目：

2014年5月，英语系配合学院承办了全国职业院校技能大赛英语口语（北京赛区）比赛，英语系学生获得专业组一等奖。6月参加全国大赛获得专业组二等奖（指导教师：刘卫红）。

2014年5月，英语系学生参加全国职业院校技能大赛（北京赛区）比赛，获得导游服务比赛一、二等奖。6月参加全国大赛，获得导游服务普通话组三等奖（指导教师：党洁）。

2014年4月，英语系组织了全国大学生英语竞赛（北京青年政治学院）预赛，全院共13名学生获得一、二、三等奖，英语系学生就占了其中的9名。5月组织参加北京赛区复赛，英语系一年级旅游英语1班刘伟乾同学获得了竞赛组委会颁发的特等奖。

2014年4月英语系还组织了学院英语写作比赛，获奖选手于5月参加了北京赛区选拔赛，也获得一、二等奖的好成绩（指导教师：马红）。

2014年5月，英语系组织的Vegetable Birds创业团队的"情.旅-旅游主题交流会所创业计划书"荣获2014年"创青春"首都大学生创业大赛银奖（指导教师：姜丽）。

2014年英语系教师带领旅游英语专业一、二年级学生开展大学生科学研究活动，每年研究项目均为3项。

英语系还首次组织68名学生参加"托业桥"考试，通过率达100%。

（二）英语系通过开展"树人计划"，加强学风建设、班级建设，在学生中大力倡导"爱国、敬业、诚信、友善"的价值取向，将"人文素养教育"贯穿三个年级，培养具有较强文化素养、良好道德修养、身心健康的学生。

英语系在全系组织学生加强学风建设，严格日常考勤管理，营造良好的学习氛围，本学期没有学生因为考勤问题而受到纪律处分。加强班级建设，通过召开班会、主题团日活动和组织开展新老生学习交流会，促进班级建设和各年级学生之间进行学习交流活动，1个班获得示范班集体称号，3个宿舍获得优秀宿舍称号。在一年级开展英语学习早自习，安排班主任教师定期检查指导学习。系团总支配合有关部门在二年级开展校园歌手大赛、新年联欢会、"红五月"歌唱比赛以及第七届书香校园读书月征文、知识竞赛等活动，对学生加强美育教育，增强学生的人文素养，有2名学生入选校园十佳歌手，1个节目入选学院新年联欢会，4名学生在书香校园读书月活动中获奖。在三年级开展毕业教育，举办毕业生家长会、毕业生校园双选会，启动毕业生毕业实习工作，帮助学生落实专业实习单位，通过对学生毕业实习环节和就业实际岗位的训练，使学生具备准职业人的基本素质，为毕业生专业提升和就业搭建平台。加强对毕业生进行就业指导工作，帮助每一名毕业生落实就业单位，英语系2014届毕业生就业率达到95%以上。6月27日配合学院较好地完成了2014届毕业典礼，实现了毕业生文明离校。

重视加强对英语系学生廉政教育，培养诚实守信意识。2014年6月学生党支部组织英语系学生参观"高校典型案例警示教育巡展"，组织学生编写廉政故事13篇，引导学生树立廉政意识，做守法公民。

（三）英语系通过开展"卓越计划"，引导学生政治上积极要求进步，提高政治素质，组织学生开展形式多样的社会实践活动，培养学生的社会责任感。

2014年上半年，积极响应学院学生党员先锋工程活动号召，组织英语系学生党员和入党积极分子，开展学习培训社会主义核心价值观专题党日活动、学生党员服务责任区创建、成立英语系学生党员志愿服务队、学生党支部和学生党员公开承诺、参观革命先烈陈列馆、"学业帮扶"等系列先锋工程活动，促进学生党员发挥模范带头作用，传播正能量。英语系团总支组织各团支部开展"中国梦·我的梦"主题团日活动，以此培养团员青年跟党走中国特色社会主义道路、用实际行动践行中国梦的信念。2013年9月，英语系党总支组织学生党员、入党积极分子开展"党总支书记讲党课"活动，学生党支部开展学习党的十八届三中全会精神活动，就"党的奋斗史"和"十八届三中全会的重要政策改革"两个方面进行学习交流，组织学生党员和入党积极分子参加 12371 党建信息平台党史知识学习和竞赛活动。在一、二年级开展"爱青院"主题教育活动，组织学生业余党校初高级班培训，团总支进行"推优"，引导学生政治上积极要求进步，提高政治素质。在二、三年级开展学生质量综合评估，进行奖学金评定和先进评优工作。党总支和学生党支部与北海公园党委开展红色"1+1"共建活动和"绿色出行，文明游园"志愿服务活动，配合北京市外办开展"市民讲外语进行业进社区"外语公益大讲堂（2013 年）、外语游园会志愿服务（2014 年）等多种社会实践活动，培养学生实践与服务社会意识。继续进行学生党员发展和学生预备党员转正工作，在三年级开展优秀毕业生"专升本"选拔推荐工作，认真组织优秀毕业生参加北京联合大学专升本考试，做好升学指导工作，2011 级 12 名学生全部被录取，升学率 100%，达到了英语系专升本的最好成绩。以上这些活动的开展旨在着重培养学生的担当与成就意识。

（四）英语系积极开展"帮扶计划"，围绕"不放弃一个学生"的目标认真落实帮扶措施和责任，努力服务每一名学生的成长。

在学期初，结合家庭困难学生资格认定工作，进行困难状况摸底、班级评议，掌握困难学生的基本情况，做好励志奖学金、国家助学金的申报、发放工作。配合学院心理健康中心开展大学生心理健康普查，加强对学生心理问题的筛查与辅导。配合学院加强贫困生数据库建设和维护，做好学生勤工助学帮扶工作；强化辅导员深度辅导，加强辅导员、班主任与学生的沟通与交流，随时帮助指导学习上有困难的学生进行补考、重修等。帮助有困难学生与退休教职工建立"结对子"等互助活动，配合学院开展困难学生、外地学生新年慰问等形式多样的扶贫助困活动。针对学生公寓调整、搬迁，以及个别学生遇到的问题，及时开展耐心细致的思想工作，做好说服教育和情绪安抚工作，建立与家长联系沟通渠道，化解矛盾，解决困难，努力帮助每一名学生完成学业，早日成长成才。

三、北京青年政治学院相关文件

北京青年政治学院
"学生读书计划"实施方案

为进一步响应教育部、北京市教委的号召，深入贯彻"基于年级特点，构建三年一贯制高职学生教育培养体系"的要求，让学生与好书作伴，与大师对话，通过阅读增长知识、提高修养，促进学院优良学风建设。引导学生以书为友、以书为伴，积极营造"多读书、读好书"的校园氛围，学院决定自2016级学生开始，在面向全院师生组织推荐和遴选出50部北京青年政治学院学生阅读书目基础上，在全院学生中开展"学生读书计划"。具体实施方案如下：

一、50部学生阅读书目推荐办法

（一）组织机构与职责

学院成立图书推荐工作小组和专家评议小组。图书推荐小组由各系（分院）、东校区管理委员会、学生工作部、图书馆等部门共同组成，工作小组办公室设在学生工作部。专家评议小组由校内专家组成。

图书推荐工作小组采用分工到部门的原则：各系（分院）负责各系（分院）教师及学生的图书推荐工作；东校区管理委员会负责东校区教师及学生的图书推荐工作；学生工作部、图书馆负责学院领导及各职能部门的图书推荐工作。专家评议小组负责推荐书目的匿名评议工作。

（二）推荐书目类别

图书书目按照文学、历史、哲学、科技、艺术、心理、教育、励志及其他等类别进行推荐，以通识教育类书籍为主。

（三）推荐办法

1. 各部门推荐阶段（4月1日~4月12日）

各系（分院）、东校区管理委员会、学生工作部、图书馆于4月

12日前将征集到的推荐书目、推荐理由及推荐人（见附件1）发送至学生工作部思政办公室邮箱（szbgs@bjypc.edu.cn）。东校区管理委员会、学生工作部、图书馆推荐书目不少于20部，各系（分院）推荐书目不少于10部。

2. 专家评议委员会评议阶段（4月13日~4月20日）

学生工作部对各部门推荐书目进行汇总和匿名处理，交由专家小组进行评议，评选出60部推荐书目进入微信评选阶段。

3. 微信评选阶段（4月21日~4月27日）

学生工作部在"北青学工"微信平台组织"北京青年政治学院学生阅读书目"推荐评选活动。活动结束根据投票情况评选出北京青年政治学院50部学生阅读书目，其中30部为学生必读书目。

4. 校内公示阶段（4月28日~5月2日）

依据专家评议小组评议及微信评选的情况，对入选北京青年政治学院学生阅读书目的50部书进行校内公示。

二、学生读书活动的实施办法

北京青年政治学院学生读书方案由各系（分院）为单位组织实施，由图书馆、学生工作部门提供支持与保障。

（一）各系（分院）组织实施

各系（分院）应结合自身实际和各年级学生特点，按照学科互补、由浅入深的原则，对各年级、各学期学生需阅读的书目进行规划，将30部必读书目和20部选读书目阅读细化到学生成长和学习的各个阶段，有计划、有步骤地推动学生读书活动的制度化和常态化。原则上学生每学年至少需完成10部必读书目的阅读，三年级第二学期前应完成30部必读书目的阅读，学有余力的学生根据所学专业及兴趣爱好进行选读书目的学习。学生在阅读过程中应撰写读书笔记或读书心得。

各系（分院）应加大对学生读书规划的宣传，确保学生明确自身所处年级、所在学期的阅读书目，并对学生阅读的进度和效果进行监督，确保学生读书规划按质按量完成。

（二）图书馆及学生工作部门提供支持与保障

图书馆及学生工作部门应为学院学生读书方案的实施提供支持与保障，在校园内通过多种途径鼓励和帮助学生进行阅读，为学生提供更好的阅读条件。

图书馆需做好阅读书目的采集与管理工作，利用图书馆的图书资源和阅读设施，为学生读书方案的实施提供资源保障。

图书馆、学生工作部门可以借助"书香校园"读书月、"青椒学堂"、"新青年大讲堂"等活动平台，开展各类名家学者讲座、读书沙龙等阅读交流活动，指导和帮助同学们阅读图书，倡导好的阅读习惯，营造良好校园阅读氛围。对完成阅读情况好的学生，图书馆、学生工作部门可给予一定奖励。

三、学生阅读效果的评估与巩固

北京青年政治学院学生阅读效果的评估采取各系（分院）、图书馆、学生工作部门联动的多路径评估机制。

图书馆依据学生图书借阅记录对学生阅读情况进行评估。

各系（分院）按照年度阅读规划，制定相应评估方案，对学生的实际阅读情况进行评估。

学生工作部门将各系（分院）学生阅读计划执行情况纳入学风建设评价指标体系，根据各系学生阅读效果开展集体与个人相关项目的评估和评比。

附件：《北京青年政治学院学生阅读书目推荐表》

北京青年政治学院青椒训练营之班长团支书培训班实施方案

为进一步提升学院各班班长、团支书的工作能力，切实提高学院人才培养工作质量和育人工作实效，学院将组织开展青椒训练营之班长团支书培训班（以下简称"青椒训练营"）。具体实施方案如下：

一、指导思想

按照学院"人文素质高、社会责任感强、有一技之长"三位一体的人才培养目标要求，深入贯彻落实"基于年级特点 三年一贯制高职学生教育培养体系"，积极探索学生工作新模式，全面提升学生工作队伍整体水平，把班长、团支书作为开展学生工作的有力抓手，切实提高学生干部的服务和管理能力。

二、组织领导

学院成立"青椒训练营"工作领导小组，组成人员包括主管学生工作的学院领导、学生工作部（处）部（处）长、团委书记、各系（分院）党总支负责人。

"青椒训练营"工作领导小组下设办公室，设在学生工作处学生思想政治教育办公室，负责统筹协调"青椒训练营"培训的各项事务。

三、培训对象

学院2014级、2015级各班班长、团支书。

四、培训目标

通过组织开展青椒训练营之班长团支书培训班，使参训学生学习并掌握学生干部必备的知识和技能，了解国家发展现状和国内外形势，提升理论素养、锻炼业务能力、增强实践本领、磨炼意志品质、培养社会责任感，自觉培育和践行社会主义核心价值观。

五、培训形式

每学年一期，采用集学与集训相结合，自学与讨论相结合，理论与实践相结合的培训形式。

六、培训内容

青椒训练营之班长团支书培训班紧密围绕"知识、能力、价值观"三个要素，组织开展以"三讲""三练""三实践"为主题的教育培训活动。通过主题教育培训，全面提高参训学生的理论素养和实践技能。

（一）"三讲"主题教育

1. 讲宗旨

开营动员教育。通过训练营开营动员教育使学生了解培训的重要性，提高参与培训的积极性。培训内容主要围绕训练营的宗旨、意义、目的和预期培训效果，对参训学生提出期望和要求。

2. 讲业务

学生干部实务教育。通过学生干部实务教育使参训学生更加深入地了解学院基本情况，提升成员学生工作业务能力。培训内容包括常识教育、能力教育和思想政治教育等。

3. 讲形势

时事政治教育。通过时事政治的教育使参训学生了解国家发展现状和国内外政治经济形势。培训内容主要包括党和国家的路线、方针、政策，国内外形势与政策解读等。

(二)"三练"主题教育

1. 业务锻炼

围绕学生工作的实际需要，对参训学生开展业务锻炼教育，增强参训学生的学生工作业务能力。主要内容包括活动的筹备与组织、活动过程中紧急情况的应对、活动后的反思与总结。

2. 团队历练

从开展学生工作所需要的沟通协调能力、政策执行能力、团队合作能力等方面入手，采用拓展训练、体验式培训等方式对参训学生进行培训和历练。

3. 意志磨炼

立足学生意志品质的提升和人格修养的提高，采用攀岩、定向越野、体能训练等方式，对参训学生进行培训。

(三)"三实践"主题教育

1. 自我管理实践

组织参训学生参与到班级管理、宿舍管理、校园管理等学生自我管理实践中去，提升学生自我管理意识，探索学生自我管理模式，增强学生自我管理效果，更好地为学院学生工作服务。

2. 社会调研实践

组织参训学生参与到学生思想动态调查、学生践行核心价值观情况调查、参观爱国主义教育基地、服务基层群众等社会调研和实践活动中，使同学们了解学校、了解社会，提高参训学生对社会的认识水平，为融入社会、服务社会打下坚实基础。

3. 志愿服务实践

组织参训学生参加社会志愿服务活动，积极投身于志愿服务实践，培养学生关爱社会、奉献社会、回报社会的意识和精神，增强学生对社会的责任感。

七、宣传报道

充分利用校园网、微信平台、海报、LED显示屏等媒体和形式，对活动进行及时有效的宣传报道，并积极联系校外相关媒体对培训工作成果进行宣传报道。

八、培训要求

（一）提高认识，积极组织。开展"青椒训练营"活动，有助于增强学生干部队伍整体素质，提高学院人才培养工作质量，各系（分院）要高度重视"青椒训练营"培训活动，积极配合，认真组织二年级各班班长、团支书参加培训。

（二）考勤，评优评先。培训期间原则上不允许请假，特殊情况需由所在系（分院）出具假条，党总支负责人签字盖章后，报请学生工作处批准。培训结束后，经审查合格，学生工作处和团委为参训学生发放"青椒训练营"结业证书，并对参训学生进行评优和表彰。

学生工作部（处）
共青团北京青年政治学院委员会
2016年3月18日

参考文献

[1] 杨元芳. 求层次理论在高校思政课教学中的运用 [J]. 长江大学学报（社会科学版），2013（4）.

[2] 黄慧. 马斯洛需要层次理论对大学生思想政治教育的启示 [J]. 和田师范专科学校学报，2012（31）.

[3] 罗亮梅. 马斯洛需要层次理论对高校和谐校园建设的启示 [J]. 教育探索，2011（11）.

[4] 王洁，谢振荣. 态度改变理论对高校思想政治教育的启示 [J]. 无锡商业职业技术学院学报，2010（5）.

[5] 潘红霞. 自我效能感理论在高校思想政治教育中的应用 [J]. 当代青年研究，2009.

[6] 孟勇. 归因理论在高校教育教学实践中的应用 [J]. 中国成人教育，2010（4）.

[7] 胡慧. 运用积极心理学推进高校心理健康教育 [J]. 安庆师范学院学报（社会科学版），2009.（12）.

[8] 储争流. 高职院校学生学习特点及教育对策探讨 [J]. 湖南科技学院报，2010，31（1）：157-158.

[9] 杨晓宁. 高职学生学习动机研究 [J]. 西北农林科技大学，2009.

[10] 于友成. 高职学生学习动机分析及对策初探 [J]. 辽宁高职学报，2011，2（1）：27-29.

[11] 彭晓春. 高职学生学业情绪分析研究 [J]. 职业教育研究，2011：15-16.

[12] 王月霞. 高职学生学习行为研究 [J]. 山西财经大学，2012.

[13] 朱理鸿，朱焕桃. 高职学生的认知特点与高职教育教学改革 [J]. 职业

教育研究, 2009: 131 - 132.

[14] 马保仙, 王秀兰. 高职院校学生学习特点及对策措施 [J]. 山西煤炭管理干部学院学报, 2010, 23 (3): 48 - 49.

[15] 冯丽莎. 关于高职生自主学习现状及对策的探究 [J]. 育人惠风, 2012: 75 - 76.

[16] 李亚玲. 高职学生学业情绪现状初步调查报告 [J]. 晋城职业技术学院报, 2010, 3 (2): 46 - 48.

[17] 刘滨. 高职学生学习策略特点的初步研究 [J]. 心理科学, 2010, 33 (1): 247 - 249.

[18] 何广妍. 高职院校学生心理特点分析及对策研究 [J]. 西安建筑科技大学, 2009.

[19] 刘宠. 高职院校人文素质教育研究 [J]. 辽宁大学, 2012 (5).

[20] 肖燕. 高等职业学院学生思想行为特点及教育管理 [J]. 长春理工大学, 2013 (3).

[21] 邓莉萍. 高职学生心理特点及教育对策研究 [J]. 西南交通大学, 2011 (4).

[22] 王卿. 在高职院校开展信息素养教育的研究 [J]. 天津大学职业技术教育学院, 2007 (1).

[23] 田洁. 高职学生英语学习的困难与对策研究 [J]. 西南大学, 2008 (8).

[24] 刘书林. 当代青少年的思想特点与教育方法探索 [J]. 中国矿业大学学报 (社会科学版), 2002 (4).

[25] 崔晓琰. 高职院校大学生人文素质教育研究 [J]. 山西师范大学, 2014 (5).

[26] 赵文博. "90后"高职学生心理特点及教育对策研究 [J]. 钦州学院学报, 2010 (8).

[27] 甘洁仪. 高职院校与本科院校学生心理危机特点比较研究 [J]. 福建信息职业技术学院, 2007 (2).

[28] 周彩云. 浅析"90后"大学生思想特点及教育方法 [J]. 教育研究, 2009 (2).

[29] 陈平原. 抗战烽火中的中国大学 [M]. 北京: 北京大学出版社, 2015.

[30] 陈玉栋. 试论高校学风建设的概念、主体及特性 [J]. 高教探索, 2014

（4）：92-96.

[31] 丁虎生. 中国共产党建设社会主义高校校园文化的历史进程 [J]. 当代教育与文化，2011，03（6）：84-92.

[32] 韩延明. 蔡元培、梅贻琦之大学理念探要 [J]. 高等教育研究，2001（3）：90-93.

[33] 洪德铭. 西南联大的精神和办学特色（上）[J]. 高等教育研究，1997（2）：10-16.

[34] 胡静. 中国传统文化与高校学风建设 [J]. 山东行政学院学报，2010（1）：131-132.

[35] 梁虹. 市场经济条件下高校学风建设探析 [J]. 经济师，2003（2）：13-14.

[36] 林养素，彭新一. 市场经济条件下学风建设的探索与实践 [J]. 华南理工大学学报（自然科学版），1995（11）：85-89.

[37] 刘少林. 一笔价值颇丰的宝贵历史文化遗产——中国共产党战时创办高等教育的方略与办学精神管窥 [J]. 西安欧亚学院学报，2011（3）：1-14.

[38] 吕秋芳. 大学学风建设的内涵、本质及误区 [J]. 北京青年政治学院学报，2008，17（4）：52-56.

[39] 秦正修. 社会主义市场经济与高校学风建设 [J]. 焦作大学学报，2005，19（2）：75-76.

[40] 王炳照. 简明中国教育史 [M]. 北京：北京师范大学出版社，1985.

[41] 王芝兰，宁波，范秀玲. 浅谈中国古代学风的当代价值 [J]. 学校党建与思想教育，2015（8）：85-87.

[42] 张三夕. 古代端正学风的传统与方法 [J]. 云南教育：视界时政版，2013（11）.

[43] 赵沁平. 要把学风建设作为高校的基础建设来抓 [J]. 中国高等教育，2002（13）：3-6.

[44] 郑家茂，潘晓卉. 关于加强大学生学风建设的思考 [J]. 清华大学教育研究，2003，24（4）：39-43.

[45] 周铭生. 论古代书院的优良学风 [J]. 宜春学院学报，1994（1）：52-55.

[46] 王汉文. 高校学风建设当议 [J]. 湖北水利电职业技术学院学报, 2007, 3 (2): 11-14.

[47] 江泽民. 在学习邓小平理论工作会议上的讲话 [N]. 人民日报, 1998 (10).

[48] 邓小平. 邓小平文选（第2卷）[M]. 北京: 人民出版社, 1993: 333.

[49] 赵大鹏, 高娜. 关于当代大学生学风建设的思考与探索 [J]. 辽宁教育行政学院学报, 2009 (6): 29-30.

[50] 尧义, 刘真. 大学生学风状况与高校学风建设 [J]. 中国成人教育, 2006 (3): 46-47.

[51] 乔纯. 高校师生学风及相关性研究 [D]. 重庆: 西南大学, 2008.

[52] 岳燕, 茅蕾. 高校学风建设的探析与对策研究 [J]. 上海工程技术大学教育研究, 2008 (02): 51-55.

[53] Lave, J. stituated learning in communities of practice. In. B. Resnick, J. M. Levine & S. D. Teasley. Perpectives On socially shared cognition [C]. Washington, DC: American Psyhological Association, 1991: 63-82.

[54] Brown, J. S. Duguid P, Robert L. Solso, M. Kimberly MacLin, Otto IL Maclin. Cognitve Psychology. Peking University Press, 2004: 88-90.

[55] 傅瑞星. 高校学风建设研究 [J]. 教育与职业, 2009 (8): 273.

[56] 周硕大学生学风建设途径新探 [D]. 长沙: 中南大学, 2008.

[57] 惠娟. 基于因材施教思想的高校学风建一设研究 [D]. 西安: 西安业大学, 2008.

[58] 夏德全, 张瑜. 西南大学学风状况调查及对策研究 [J]. 西南农业大学学报, 2008 (4): 111-114.

[59] 周鹏. 大学生学风状况的调查分析与启示 [J]. 科学教育论坛, 2005 (24): 224-225.

[60] 赵伟, 韩文俊, 自竹, 高玉鹏. 加强优良学风建设提高人才培养质量——本科生学习情况问卷调查与对策分析 [J]. 高等理科教育, 2008 (1): 96-99.

[61] 周苏, 刘明睿, 姚慧. 大学IT新生对学风认识的问卷调查与分析 [J]. 计算机教育 2007 (3): 52-59.

[62] 李规. 关于医学人专生学风问卷调查的思考 [J]. 中华医学丛刊, 2005

(4)：98-99.

[63] 王德平，刘继勇，舒长江. 学风调查 [J]. 南昌航空工业学院学报，2006 (7)：79-83.

[64] 徐元元，洪庆根. 生长军官学员学风评价研究 [J]. 海军航空工程学院学报，2006，21 (3)：397-400.

[65] 郑聪霞，钱伟，祝炜平. 大学生学风建设评价体系研究 [J]. 牡丹江教育学院学报，2007 (2)：84-85.

[66] 徐军洲，万灵. 高校学风建设评价体系的研究 [J]. 教学园地，2008 (5)：177-178.

[67] 彭学君，刘伟华. 基于灰色理论的高校学风综合评价方法研究 [J]. 衡水学院学报，2007 (9)：103-105.

[68] 彭学君，刘伟华. 基于灰色理论的高校学风综合评价方法研究 [J]. 衡水学院学报，2007 (9)：103-105.

[69] 从田飞，曹威麟. 学风指标体系实证研究 [J]. 高教发展与评估，2008 (3)：15-21.

[70] 张加强，陈家作，候志强. 大学生学风评价指标体系设计 [J]. 理论科学，2009 (2)：96-97.

[71] 陈国康，王玉林，肖崇刚，吴俊平. 一个衡量学风建设成效的重要量化指标：补考指数 [J]. 中国科教创新导刊，2009 (7)：127-129.

[72] 胡锦涛. 在中央党校省部级干部进修班上的重要讲话 [N]. 人民日报，2007-06-25.

[73] 毛泽东选集（第二卷）[M]. 北京：人民出版社，1994：813.

[74] 江泽民. 学习学习再学习 [J]. 求是，1994 (3).

[75] 胡适著译精品选 [C]. 合肥：安徽教育出版社，1999：172.

[76] 刘晓东. 论大学生的被动学习 [J]. 山西高等学校社会科学学报，2004，6 (6)：108-110.

[77] 马克思恩格斯全集（第二卷）[M]. 北京：人民出版社，1965：24.

[78] 付文红. 美国高校学生事务管理的特色与启示 [J]. 思想教育研究，2007，9 (147)：49-51.

[79] 张耀灿，陈万柏. 思想政治教育学原理 [M]. 北京：高等教育出版社，2004：15.

[80] 马克思,恩格斯. 马克思恩格斯选集[M]. 北京:人民出版社,1995:294.

[81] 韩庆祥,毛卫平. 马克思主义哲学原理疑难解析[M]. 北京:中国人民大学出版,2002:414.

[82] 郭红岩. 高校辅导员队伍建设存的问题及对策[J]. 黄石理工学院学报,2007(9).

[83] 赵亮,张月琪,许永龙. 基于灰色系统理论的高校教学质量综合评价方法[J]. 天津工业大学学报,2003(12):53-56.

[84] 李雪梅. 关于高校学生学风建设情况的调研报告[J]. 毕竹学院学报,2009,27(7):94-97.

[85] 李德全. 论高校学风建设评价体系的构建与实践[J]. 重庆文理学院学报(自然科学版),2007,26(1):10-13.

[86] 赵沁平. 要把学风建设作为高校的基础建设来抓[J]. 中国高等教育,2002(14):3-7.

[87] 全胜奇. 从经济学视角看高校学风建设[J]. 河南团政税务高等专科学校学报,2004,18(3):51-53.

[88] 王晨曦. 合并高校校风建设研究[D]. 长沙:中南大学,2003.

[89] 张立荣. 思想政治教育与物质利益相结合原则的发展走向[J]. 思想政治教育研究,2005(4):51-53.

[90] 郝咏梅,王桂芝,李纯成. 基于层次分析法研究的高校辅导员考核体系新探[J]. 文教资料,2009(7):217-218.

[91] 李颖. 高等学校教学目标管理研究[D]. 武汉:武汉理大学,2004.

[92] Robert L. Solso, M. Kimberi Y MacLin, Otto H. MacLin. Cognitive Psychology[M]. Peking:Peking University Press,2004.

[93] Margelite Miger. Thrivate education in USA. World Educationconference,2005(3).

[94] 斯蒂芬·P. 罗宾斯,组织行为学,北京:中国人民大学出版社,1997.526.

[95] 金娣,王刚. 教学评价与测量[M]. 北京:教育科学出版社,2001:15.